GUÍAS DE CAMPO

Banderas
del
mundo

Phil Clarke

Diseño: Michael Hill
Experto en banderas: Jos Poels

Traducción: Gemma Alonso de la Sierra

Introducción

Con este libro, aprenderás a identificar las banderas de los países independientes del mundo y las de numerosos territorios que no se autogobiernan. Todos están agrupados geográficamente y bajo cada entrada se incluyen los **datos básicos** del país o territorio en cuestión. A lo largo del libro, también encontrarás **artículos** sobre banderas famosas y otros temas, y al final aparece un **índice** alfabético.

Cada bandera se presenta así:

Portugal (Sur de Europa)

Región
Área geográfica en la que se encuentra el país en cuestión

Emblema ampliado

El escudo nacional que aparece en la bandera lleva detrás una esfera armilar dorada, un instrumento de navegación que usaban los exploradores portugueses en sus travesías por el mundo en los siglos XV-XVII.

Descripción

SUPERFICIE: 92.391 km²
POBLACIÓN: 10.223.000
CAPITAL: Lisboa
IDIOMA: portugués

Datos básicos
Este recuadro es del mismo color que su área geográfica.

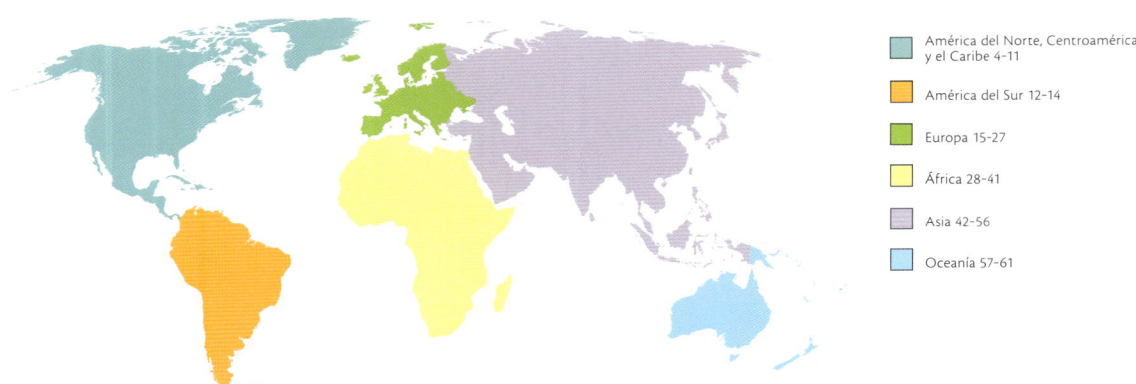

- América del Norte, Centroamérica y el Caribe 4-11
- América del Sur 12-14
- Europa 15-27
- África 28-41
- Asia 42-56
- Oceanía 57-61

Emblemas

Algunas banderas tienen un **emblema**, que suele ser un escudo u otro símbolo importante para ese país. A la derecha aparecen varios tipos de emblema nacional.

Las banderas se fabrican de manera que el emblema, si lo tienen, apunte en la misma dirección por ambas caras.

Símbolos nacionales
(Canadá)

Escudos
(México)

Accidentes naturales
(Kiribati)

Símbolos religiosos: *arriba*, las cruces cristianas de Georgia; *abajo*, la estrella y la media luna musulmana de Pakistán

2

Partes de una bandera

Las banderas suelen estar hechas de tela. El borde por donde se cuelga se llama **vaina**. La mitad más cercana a dicho borde queda **al asta**, y la mitad que ondea al viento, **al batiente**. La parte superior junto a la vaina es el **cantón**.

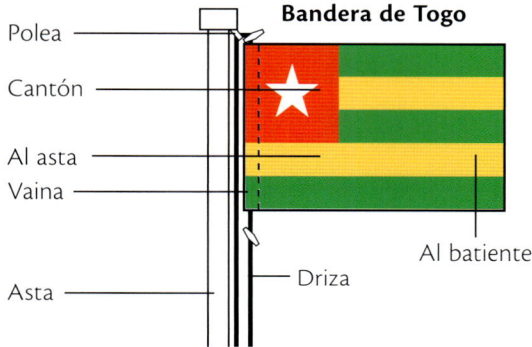

Bandera de Togo

Polea — Cantón — Al asta — Vaina — Asta — Driza — Al batiente

Para izar la bandera, se tira de la **driza**, que luego se sujeta a la parte inferior del **asta**.

Las banderas tienen una cara frontal, denominada **anverso**, y una trasera, el **reverso**. El anverso es la cara que se ve con el asta a mano izquierda. El reverso suele ser simétrico al anverso.

Bandera sudafricana

Anverso — Reverso

¿Dónde se ven?

Cuando empieces a prestar atención, verás banderas en las noticias y en todo tipo de competiciones o concursos internacionales, así como en edificios públicos, grandes hoteles y embajadas.

Algunos diseños son tan famosos y populares que es bastante frecuente encontrarlos en ropa y complementos.

Los diseños de banderas

Si te fijas, observarás que casi todas las banderas siguen diseños parecidos.

Franjas verticales (Francia)

Franjas horizontales (Sierra Leona)

Franjas con emblema (Ghana)

Franjas con emblema en el cantón (Malasia)

Cruz escandinava (Finlandia)

Triángulo (Las Bahamas)

La vexilología

La disciplina que estudia las banderas, los pendones y los estandartes se llama *vexilología*, palabra que deriva de la latina *vexillum*, que significa estandarte.

3

Estados Unidos (América del Norte)

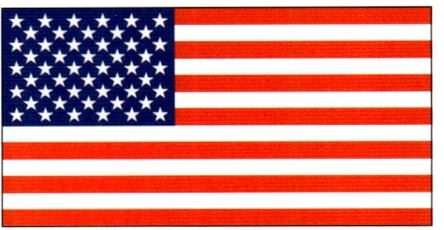

Las 50 estrellas blancas de cinco puntas sobre fondo azul representan los estados de la nación, y las 13 franjas horizontales rojas y blancas, las colonias originales que proclamaron su independencia de Gran Bretaña en 1776.
Parecidas: Liberia (31), Malasia (54)

SUPERFICIE: 9.522.055 km²
POBLACIÓN: 341.814.000
CAPITAL: Washington, D.C.
IDIOMA: inglés

Canadá (América del Norte)

Los arces canadienses son famosos en el mundo entero, y la hoja de este árbol que aparece en su bandera es el símbolo nacional. El cuadrado blanco enmarcado entre las dos franjas rojas se cree que simboliza la posición del país entre los océanos Pacífico y Atlántico.

SUPERFICIE: 9.984.670 km²
POBLACIÓN: 39.107.000
CAPITAL: Otawa
IDIOMAS: inglés, francés

La bandera estadounidense

En 1776, los soldados estadounidenses lucharon por su independencia de Gran Bretaña bajo la bandera de la Gran Unión (abajo, a la izquierda). Esta bandera, inspirada en la de los barcos mercantes estadounidenses de la época, se convirtió en la primera de los Estados Unidos de América. Desde entonces, se ha adaptado en 26 ocasiones: primero, se sustituyó la bandera británica por las 13 estrellas de las colonias; en 1818, se aprobó que la bandera adquiriese una estrella por cada nuevo estado incorporado.

Bandera de la Gran Unión

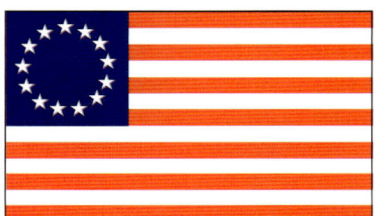

Bandera de Betsy Ross (uno de los primeros diseños)

Groenlandia (América del Norte)

La bandera de Groenlandia, que forma parte del Reino de Dinamarca, refleja los colores de la danesa (17). Llamada *Erfalasorput* (nuestra bandera) y también *Aappalaartoq* (la roja) en groenlandés, simboliza el hielo de esta nación insular y un sol poniente.

SUPERFICIE: 2.166.086 km²
POBLACIÓN: 57.000
CAPITAL: Nuuk
IDIOMAS: groenlandés, danés

Bermudas (América del Norte)

Las islas Bermudas son un territorio de ultramar del Reino Unido. Su bandera lleva la enseña roja de la marina mercante británica y el escudo nacional de las islas: un león rojo con un escudo que representa el naufragio del *Sea Venture*, el buque que arrastró un huracán hasta sus costas en 1609.

SUPERFICIE: 53 km²
POBLACIÓN: 64.000
CAPITAL: Hamilton
IDIOMAS: inglés bermudeño, portugués

México (América del Norte)

El emblema de esta bandera representa la leyenda de la fundación de la antigua Tenochtitlán, la actual Ciudad de México. Los aztecas vieron un águila que devoraba una serpiente sobre una chumbera en una isla lacustre y lo interpretaron como buen presagio para erigir allí su ciudad.

SUPERFICIE: 1.972.550 km²
POBLACIÓN: 129.388.000
CAPITAL: Ciudad de México
IDIOMAS: español, náhuatl, maya

Belice (Centroamérica)

Belice fue una colonia británica. En su bandera aparece su antiguo escudo de armas, con símbolos que reflejan su historia en el comercio de la caoba, y el lema nacional en latín: *Sub umbra floreo*, que significa *En la sombra florezco*.

SUPERFICIE: 22.966 km²
POBLACIÓN: 417.000
CAPITAL: Belmopán
IDIOMAS: inglés, criollo, español, maya

Guatemala (Centroamérica)

En el escudo nacional figuran
una corona de laurel, símbolo de
la victoria, un pergamino con la fecha
de la independencia guatemalteca
de España —el 15 de septiembre de
1821—, y un quetzal, el ave nacional,
que representa la libertad.

SUPERFICIE: 108.890 km²
POBLACIÓN: 18.358.000
CAPITAL: Ciudad de Guatemala
IDIOMAS: español, idiomas mayas, garífuna, xinca

El Salvador (Centroamérica)

Entre 1823 y 1841, El Salvador
y otras cuatro naciones centroamericanas
formaron la Federación Centroamericana,
en cuya bandera está inspirada la suya actual.
Las dos franjas azules representan los océanos
Pacífico y Atlántico; la blanca simboliza la paz.
Parecida: Argentina (14)

SUPERFICIE: 21.040 km²
POBLACIÓN: 6.396.000
CAPITAL: San Salvador
IDIOMA: español

Honduras (Centroamérica)

La antigua Federación Centroamericana
estuvo integrada por cinco países: Costa
Rica, Honduras, Guatemala, El Salvador
y Nicaragua. Las cinco estrellas de esta
bandera rememoran aquella federación,
y el ideal de unión de esta región.

SUPERFICIE: 112.090 km²
POBLACIÓN: 10.759.000
CAPITAL: Tegucigalpa
IDIOMA: español

Nicaragua (Centroamérica)

En el centro de la bandera
aparece el nombre completo del país.
Los cinco volcanes del emblema simbolizan
la unión y la fraternidad de los cinco países
de la antigua Federación Centroamericana.
Parecida: Argentina (14)

SUPERFICIE: 129.494 km²
POBLACIÓN: 7.143.000
CAPITAL: Managua
IDIOMA: español

Costa Rica (Centroamérica)

La franja roja añadida a las tradicionales de color azul y blanco de Centroamérica (ver El Salvador) se inspira en la bandera francesa (18), cuyas franjas representan la libertad, la igualdad y la fraternidad.
Parecida: Tailandia (54)

SUPERFICIE: 51.100 km²
POBLACIÓN: 5.247.000
CAPITAL: San José
IDIOMA: español

Panamá (Centroamérica)

El azul y el rojo simbolizan los dos partidos políticos rivales, y el color blanco, la paz que los llevó a fundar una nueva nación en 1903, cuando Panamá se independizó de Colombia. Muchos buques mercantes están registrados en Panamá, por lo que ondean esta bandera.

SUPERFICIE: 78.200 km²
POBLACIÓN: 4.528.000
CAPITAL: Ciudad de Panamá
IDIOMA: español

Las Bahamas (Caribe)

El triángulo negro de la bandera simboliza el poder y la determinación del pueblo bahameño unido. La franja amarilla del centro representa la riqueza de la tierra de este archipiélago, y las dos azules, la del mar que lo rodea.

SUPERFICIE: 13.940 km²
POBLACIÓN: 415.000
CAPITAL: Nasáu
IDIOMAS: patois (criollo), inglés

Cuba (Caribe)

El triángulo representa la libertad, la igualdad y la fraternidad, y las franjas azules, las tres regiones de Cuba. En su origen, la estrella blanca simbolizaba el deseo de Cuba de convertirse en un estado más de EE. UU. Hoy en día, es símbolo de su libertad.

SUPERFICIE: 110.860 km²
POBLACIÓN: 11.175.000
CAPITAL: La Habana
IDIOMA: español

Islas Caimán (Caribe)

La bandera de Islas Caimán,
uno de los territorios de ultramar del
Reino Unido, es la enseña azul británica
(57) y el escudo de armas de estas islas.
La tortuga que lo corona hace alusión
al nombre que Colón les puso, *Las Tortugas*,
por las muchas que habitaban sus aguas.

SUPERFICIE: 259 km²
POBLACIÓN: 70.000
CAPITAL: George Town
IDIOMA: inglés

Jamaica (Caribe)

La jamaicana es la única bandera nacional
que no tiene ni rojo ni azul ni blanco.
Se izó por primera vez en 1962, año en que
Jamaica se independizó del Reino Unido.
Esta frase encierra su simbolismo: *El sol
brilla* (amarillo), *la tierra es verde y la gente
es fuerte y creativa* (negro).

SUPERFICIE: 10.991 km²
POBLACIÓN: 2.825.000
CAPITAL: Kingston
IDIOMAS: criollo angloantillano, inglés

Haití (Caribe)

En 1803, los rebeldes haitianos arrancaron
la franja blanca de la bandera francesa (18)
de sus gobernantes y crearon otra solo
de color azul y rojo con lo que quedaba.
En el centro añadieron un escudo de armas
con un gorro frigio, símbolo de la revolución.
Parecida: Liechtenstein (20)

SUPERFICIE: 27.750 km²
POBLACIÓN: 11.867.000
CAPITAL: Puerto Príncipe
IDIOMAS: criollo haitiano, francés

República Dominicana
(Caribe)

Al independizarse de Haití
en 1844, la República Dominicana
izó la bandera haitiana con una cruz
blanca, símbolo de la fe católica, justo
en el centro. Más adelante, los rectángulos
de la mitad al batiente se intercambiaron.

SUPERFICIE: 48.380 km²
POBLACIÓN: 11.434.000
CAPITAL: Santo Domingo
IDIOMA: español

8

Puerto Rico (Caribe)

Puerto Rico, territorio estadounidense desde 1898, toma como referencia para su bandera la cubana (7) y la de EE. UU. (4). Se reconoció como símbolo oficial de Puerto Rico en 1952, cuando la isla se convirtió en Estado Libre Asociado de Estados Unidos de América.

SUPERFICIE: 9.104 km²
POBLACIÓN: 3.269.000
CAPITAL: San Juan
IDIOMAS: español, inglés

Islas Vírgenes Británicas (Caribe)

En el escudo de armas de la bandera de este territorio de ultramar del Reino Unido, aparecen santa Úrsula y once candiles que representan las 11.000 vírgenes de la leyenda medieval en la que se inspiró Cristóbal Colón para dar nombre a estas islas durante su segundo viaje.

SUPERFICIE: 153 km²
POBLACIÓN: 32.000
CAPITAL: Road Town
IDIOMAS: inglés, criollo angloantillano

Islas Vírgenes de EE. UU. (Caribe)

Las Islas Vírgenes de Estados Unidos son un territorio no incorporado de este país. Las tres flechas en la garra del águila representan las tres islas más extensas del archipiélago: Santo Tomás, San Juan y Santa Cruz. Esta bandera se utilizó por primera vez en 1921.

SUPERFICIE: 356 km²
POBLACIÓN: 98.000
CAPITAL: Charlotte Amalie
IDIOMAS: inglés, español

San Cristóbal y Nieves (Caribe)

La franja negra es símbolo de las raíces africanas de la mayoría de la población. Las estrellas, que representan a las dos islas, también simbolizan la libertad y la esperanza; el verde, la tierra fértil; el rojo, la lucha por alcanzar la libertad, y el amarillo, el sol.

SUPERFICIE: 261 km²
POBLACIÓN: 48.000
CAPITAL: Basseterre
IDIOMAS: inglés, criollo angloantillano

Antigua y Barbuda

(Caribe)

El sol naciente simboliza el nuevo inicio de estas islas tras obtener la independencia en 1967. El color rojo alude al dinamismo del pueblo; el negro, a su origen africano; el amarillo, al sol; el azul, al mar, y el blanco, a la arena de sus playas. El diseño en forma de "V" representa la victoria.

SUPERFICIE: 443 km²
POBLACIÓN: 95.000
CAPITAL: Saint John's
IDIOMAS: criollo angloantillano, inglés

Dominica (Caribe)

En la bandera de Dominica aparece el ave nacional, el loro imperial. El verde simboliza la vegetación de la isla; el círculo rojo, una sociedad justa, y la cruz tricolor, el cristianismo. El amarillo representa los cítricos, los plátanos y los pueblos nativos; el negro, la tierra y África, y el blanco, los ríos y la pureza.

SUPERFICIE: 754 km²
POBLACIÓN: 73.000
CAPITAL: Roseau
IDIOMAS: inglés, criollo francoantillano

Santa Lucía (Caribe)

Los triángulos evocan las Pitons, dos montañas volcánicas. El blanco y el negro simbolizan la convivencia de las distintas razas en paz, el amarillo representa el sol, y el color azul, el mar Caribe y el océano Atlántico, que bañan sus costas.

SUPERFICIE: 616 km²
POBLACIÓN: 181.000
CAPITAL: Castries
IDIOMAS: inglés, criollo francoantillano

San Vicente y las Granadinas (Caribe)

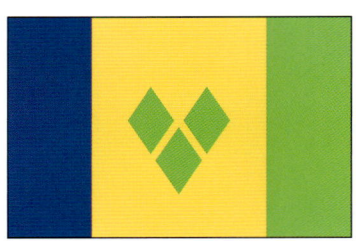

San Vicente y las 32 Granadinas se conocen como las *gemas de las Antillas*, siendo estas la gran cadena de islas que bordea el mar Caribe. Las gemas verdes forman la "V" de San Vicente.

SUPERFICIE: 389 km²
POBLACIÓN: 104.000
CAPITAL: Kingstown
IDIOMAS: inglés, criollo angloantillano

10

Barbados (Caribe)

Barbados se independizó en 1966. Hasta entonces, en su bandera aparecía la figura mitológica de Britania con un tridente. La punta rota del tridente que figura en su actual bandera simboliza su ruptura con el Reino Unido, del cual era colonia.

SUPERFICIE: 431 km²
POBLACIÓN: 282.000
CAPITAL: Bridgetown
IDIOMAS: criollo angloantillano, inglés

Granada (Caribe)

La figura con forma de llama de la bandera es una nuez moscada, el principal cultivo y exportación de Granada, también llamada la isla de las especias. Las siete estrellas de la bandera representan las siete parroquias en que está dividida esta nación.

SUPERFICIE: 344 km²
POBLACIÓN: 127.000
CAPITAL: Saint George
IDIOMAS: inglés, criollo francoantillano

Trinidad y Tobago (Caribe)

Esta bandera se izó por primera vez en 1962, año en que Trinidad y Tobago obtuvo la independencia del Reino Unido. Las dos franjas blancas representan el mar, el rojo simboliza el pueblo, y el negro, su fuerza y determinación.

SUPERFICIE: 5.128 km²
POBLACIÓN: 1.538.000
CAPITAL: Puerto España
IDIOMAS: criollo angloantillano, inglés

Aruba (Caribe)

La isla nación de Aruba pertenece al Reino de los Países Bajos. En esta bandera de 1976, el azul representa las Naciones Unidas (ver p. 63) y el mar. La estrella de cuatro puntas, como una brújula, es roja al igual que la tierra de Aruba. Las franjas amarillas simbolizan el turismo y la industria.

SUPERFICIE: 180 km²
POBLACIÓN: 106.000
CAPITAL: Oranjestad
IDIOMAS: papiamento (criollo), neerlandés

Colombia (América del Sur)

Las niñas y niños colombianos cantan estos versos a su bandera: *Amarillo es el oro, azul, el ancho mar, y el rojo es la sangre que nos dio la libertad*. El diseño se inspira en la bandera de la Gran Colombia, que antiguamente incluía Colombia, Venezuela y Ecuador.

SUPERFICIE: 1.138.910 km²
POBLACIÓN: 52.341.000
CAPITAL: Bogotá
IDIOMA: español

Venezuela (América del Sur)

El amarillo simboliza la riqueza del país, el azul, el valor, y el rojo, la independencia. Las ocho estrellas representan las ocho regiones venezolanas. La bandera deriva de la que diseñó en 1811 Francisco de Miranda, héroe de la independencia.

SUPERFICIE: 912.050 km²
POBLACIÓN: 29.395.000
CAPITAL: Caracas
IDIOMA: español

Guyana (América del Sur)

Esta bandera se creó para una competición cuando Guyana se independizó del Reino Unido en 1966. El verde representa las selvas que cubren casi todo el país, y el color rojo, el sacrificio de construir esta nación. La flecha simboliza la esperanza de lograr un futuro mejor (dorado).

SUPERFICIE: 214.970 km²
POBLACIÓN: 820.000
CAPITAL: Georgetown
IDIOMAS: inglés, criollo, hindi, urdu

Surinam (América del Sur)

La bandera se empleó por primera vez en 1975, año en que Surinam se independizó de Países Bajos. Las franjas representan el progreso y el amor (roja), la esperanza y la fertilidad (verdes), y la paz, la libertad y la justicia (blancas). La estrella simboliza la unidad de la nación.

SUPERFICIE: 163.270 km²
POBLACIÓN: 629.000
CAPITAL: Paramaribo
IDIOMAS: sranan tongo (criollo), neerlandés

Ecuador (América del Sur)

En el escudo de armas aparecen el río Guayas, que nace en el monte Chimborazo, el pico más alto de Ecuador, y un barco de vapor. Encima, un cóndor, ave nacional, protege el país.
Parecida: Colombia

SUPERFICIE: 283.560 km²
POBLACIÓN: 18.377.000
CAPITAL: Quito
IDIOMAS: español, quechua

Brasil (América del Sur)

El círculo azul refleja el cielo con los 27 estados brasileños representados por las estrellas que brillaban sobre Río de Janeiro el 15 de noviembre de 1889, cuando Brasil se declaró república. En la franja blanca se lee el lema *Orden y progreso*, en portugués.

SUPERFICIE: 8.511.965 km²
POBLACIÓN: 217.637.000
CAPITAL: Brasilia
IDIOMA: portugués

Perú (América del Sur)

El general San Martín, que ayudó a liberar Perú del dominio español, diseñó su primera bandera en 1821. Se dice que el rojo y el blanco que eligió, y que todavía se conservan en la bandera actual, son los que vio en los flamencos de Perú.

SUPERFICIE: 1.285.220 km²
POBLACIÓN: 34.683.000
CAPITAL: Lima
IDIOMAS: español, quechua, aimara

Bolivia (América del Sur)

Las franjas de la bandera boliviana (derecha) simbolizan la sangre derramada por los héroes (rojo), su riqueza mineral (amarillo) y la fertilidad de la tierra (verde). Bolivia cuenta asimismo con una bandera multicolor, *la wiphala*, que representa a los pueblos indígenas de los Andes.
Parecidas: Lituania (18), Ghana (32)

SUPERFICIE: 1.098.580 km²
POBLACIÓN: 12.567.000
CAPITALES: Sucre, La Paz
IDIOMAS: español, quechua, aimara, guaraní

Paraguay (América del Sur)

La paraguaya es la única bandera nacional que luce un emblema distinto en cada cara: en el anverso, el escudo de armas (arriba), y en el reverso, el sello del tesoro (arriba a la derecha).
Parecida: Países Bajos (19)

SUPERFICIE: 406.750 km²
POBLACIÓN: 6.947.000
CAPITAL: Asunción
IDIOMAS: guaraní, español

Chile (América del Sur)

El azul representa el cielo, la franja blanca, la nieve de los Andes, y el rojo, la sangre derramada durante la lucha por la independencia de España. La estrella encarna tanto el progreso como la dignidad del pueblo chileno.

SUPERFICIE: 756.950 km²
POBLACIÓN: 19.659.000
CAPITAL: Santiago
IDIOMA: español

Argentina (América del Sur)

El emblema de la bandera es el Sol de Mayo, símbolo de la revolución contra el dominio español que comenzó en Argentina y se extendió a otros países durante mayo de 1810.
Parecida: Nicaragua (6)

SUPERFICIE: 2.776.890 km²
POBLACIÓN: 46.058.000
CAPITAL: Buenos Aires
IDIOMA: español

Uruguay (América del Sur)

En esta bandera aparecen el Sol de Mayo (ver izquierda) y nueve franjas que representan las nueve provincias que existían en Uruguay cuando logró obtener la independencia de España.

SUPERFICIE: 176.220 km²
POBLACIÓN: 3.423.000
CAPITAL: Montevideo
IDIOMA: español

Irlanda (Norte de Europa)

El blanco de la bandera evoca la paz entre el pueblo nativo católico de origen gaélico (verde) y los protestantes británicos que eran partidarios de Guillermo de Orange (naranja) asentados en Irlanda del Norte.
Parecida: Costa de Marfil (32)

SUPERFICIE: 70.280 km²
POBLACIÓN: 5.089.000
CAPITAL: Dublín
IDIOMAS: inglés, irlandés gaélico

Reino Unido (Norte de Europa)

La bandera británica se llama *de la unión* porque combina las banderas de Inglaterra, Escocia e Irlanda del Norte, los tres territorios que, junto con Gales, forman el Reino Unido. Fíjate en que la franja blanca más gruesa por arriba queda siempre en el cantón.

SUPERFICIE: 244.820 km²
POBLACIÓN: 67.961.000
CAPITAL: Londres
IDIOMA: inglés

Las banderas del Reino Unido

La bandera de la unión se creó en 1606 con motivo del ascenso al trono del rey Jacobo I de Inglaterra y VI de Escocia. Combina la cruz escocesa de san Andrés con la cruz inglesa de san Jorge. Cuando Irlanda quedó anexionada a Gran Bretaña en 1801 dando lugar al Reino Unido, la cruz irlandesa de san Patricio se añadió a la bandera. Como Inglaterra y Gales ya estaban unidas en tiempos del rey Jacobo, la bandera galesa del dragón rojo no aparece en la de la unión.

Dragón rojo de Gales

Cruz de san Jorge

Cruz de san Andrés

Cruz de san Patricio

15

Islandia (Escandinavia)

En todas las banderas nacionales de Escandinavia aparece una cruz, tomada de la bandera danesa (17). El rojo es símbolo de los volcanes de esta isla; el blanco, del hielo y la nieve, y el azul, de las montañas. **Parecida:** Noruega

SUPERFICIE: 103.000 km²
POBLACIÓN: 378.000
CAPITAL: Reikiavik
IDIOMA: islandés

Islas Feroe (Escandinavia)

Este archipiélago, perteneciente al Reino de Dinamarca, se encuentra entre Islandia y Escocia. Su bandera se inspira en la cruz azul y roja de los diseños de otros países escandinavos, como Noruega e Islandia. El blanco representa un cielo despejado.

SUPERFICIE: 1.399 km²
POBLACIÓN: 53.000
CAPITAL: Tórshavn
IDIOMAS: feroés, danés

Noruega (Escandinavia)

Al diseñar la bandera, Fredrik Meitzer eligió los colores rojo, blanco y azul de las de Francia (18), Países Bajos (19), Reino Unido (15) y Estados Unidos (4), que simbolizan la unidad y la democracia. **Parecidas:** Islandia, Dinamarca (17)

SUPERFICIE: 323.802 km²
POBLACIÓN: 5.515.000
CAPITAL: Oslo
IDIOMA: noruego

Suecia (Escandinavia)

En 1569, el rey Juan III de Suecia decretó que su estandarte debía lucir una cruz dorada, que se incorporó también a la bandera nacional. El azul y el amarillo probablemente procedan del emblema real: tres coronas doradas sobre un fondo azul.

SUPERFICIE: 449.964 km²
POBLACIÓN: 10.674.000
CAPITAL: Estocolmo
IDIOMA: sueco

Finlandia (Escandinavia)

Este diseño de bandera se creó en 1862, estando Finlandia bajo dominio ruso. El blanco representa la nieve, y el azul, los lagos del país. Finalmente, la bandera se izó por vez primera en 1918, cuando Finlandia obtuvo su independencia.

SUPERFICIE: 338.145 km²
POBLACIÓN: 5.550.000
CAPITAL: Helsinki
IDIOMAS: finés, sueco

Dinamarca (Escandinavia)

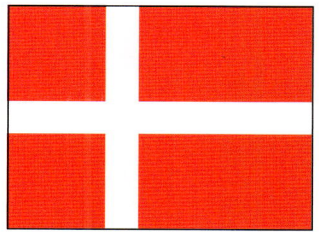

Según cuenta la leyenda, la bandera danesa, una de las más antiguas del mundo, cayó del cielo durante una batalla librada en 1219. Tras recogerla, el rey cristiano Valdemar II de Dinamarca venció a los estonios. **Parecida:** Suiza (19)

SUPERFICIE: 43.094 km²
POBLACIÓN: 5.940.000
CAPITAL: Copenhague
IDIOMA: danés

Estonia (Báltico)

Esta es la bandera oficial de Estonia desde su independencia, en 1918. Los colores representan el azul del cielo y sus lagos, el negro de sus bosques frondosos y su tierra fértil, y el blanco de sus nieves invernales.

SUPERFICIE: 45.226 km²
POBLACIÓN: 1.319.000
CAPITAL: Tallin
IDIOMAS: estonio, ruso

Letonia (Báltico)

La bandera, estrenada en 1918, cuando Letonia se independizó de Rusia, se basa en una enseña letona del siglo XIII. El rojo representa la sangre que están dispuestos a derramar los letones por su libertad (blanco). **Parecida:** Austria (20)

SUPERFICIE: 64.589 km²
POBLACIÓN: 1.810.000
CAPITAL: Riga
IDIOMAS: letón, ruso

Lituania (Báltico)

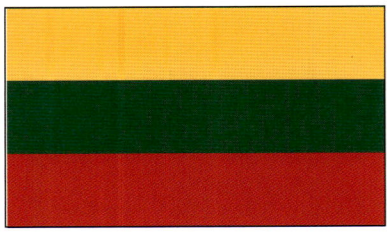

Esta bandera se diseñó en 1918 a partir del traje típico lituano. En 1944, la Unión Soviética asumió el gobierno del país y prohibió este símbolo, que se recuperó al recobrar la independencia en 1989.
Parecida: Bolivia (13)

SUPERFICIE: 65.300 km²
POBLACIÓN: 2.693.000
CAPITAL: Vilna
IDIOMAS: lituano, ruso

Francia (Europa occidental)

Esta bandera, la *Tricolor*, como se conoce en el mundo entero, se usó por primera vez en 1794, tras la revolución que acabó con la monarquía francesa. Simboliza los tres principios de la revolución: la libertad, la igualdad y la fraternidad.

SUPERFICIE: 547.030 km²
POBLACIÓN: 64.882.000
CAPITAL: París
IDIOMA: francés

Bélgica (Europa occidental)

Los tres colores de la bandera proceden del escudo del ducado de Brabante: negro con un león dorado de lengua y garras rojas. Aunque las proporciones oficiales son las que se muestran arriba, se suelen usar otras (ver p. 45, *Formatos de bandera*).

SUPERFICIE: 30.528 km²
POBLACIÓN: 11.716.000
CAPITAL: Bruselas
IDIOMAS: neerlandés, francés, alemán

Luxemburgo (Europa occidental)

Luxemburgo no tuvo bandera oficial hasta 1972. Los colores rojo, blanco y azul derivan del escudo de armas del Gran Duque, que se remonta al siglo XIII. Existe otra bandera extraoficial con un león.
Parecidas: Países Bajos (19), Rusia (27)

SUPERFICIE: 2.586 km²
POBLACIÓN: 662.000
CAPITAL: Luxemburgo
IDIOMAS: luxemburgués, alemán, francés

Países Bajos (Europa occidental)

Originalmente, la franja superior de la bandera del país era naranja, ya que sus gobernantes pertenecen a la casa de Orange. En ocasiones especiales, se combina con banderolas de este color.
Parecida: Luxemburgo (18)

SUPERFICIE: 41.526 km²
POBLACIÓN: 17.671.000
CAPITAL: Ámsterdam
IDIOMA: neerlandés

Mónaco (Europa occidental)

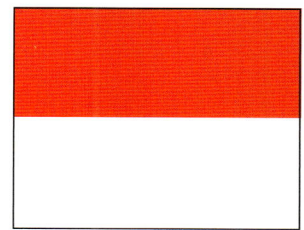

Los colores rojo y blanco se tomaron del escudo de armas de la familia real de Mónaco, los Grimaldi, que gobiernan esta pequeña ciudad-estado desde el siglo XIII, ahora con un parlamento.
Parecidas: Polonia (24), Indonesia (56)

SUPERFICIE: 1,95 km²
POBLACIÓN: 36.000
IDIOMAS: francés, monegasco, italiano

Alemania (Europa occidental)

Esta bandera se empleó por primera vez en 1848. Los colores se inspiran en los uniformes de los soldados alemanes que lucharon contra el emperador francés Napoleón, a principios del siglo XIX.
Parecida: Bélgica (18)

SUPERFICIE: 357.021 km²
POBLACIÓN: 83.252.000
CAPITAL: Berlín
IDIOMA: alemán

Suiza (Europa occidental)

La bandera suiza encarna la fe y la libertad. Deriva del estandarte medieval que adoptaron como insignia los cantones aliados que forman Suiza. Solo existen dos banderas nacionales con forma cuadrada: la suiza y la vaticana (21). Esta bandera sirvió de inspiración para crear el símbolo de la Cruz Roja (63).

SUPERFICIE: 41.290 km²
POBLACIÓN: 8.851.000
CAPITAL: Berna
IDIOMAS: alemán, francés, italiano

Liechtenstein (Europa occidental)

En las olimpiadas del verano de 1936, Liechtenstein y Haití (8) descubrieron que sus banderas se confundían fácilmente. En 1937, el gobierno de Liechtenstein añadió una corona a su bandera para distinguirla de la del país antillano.

SUPERFICIE: 160 km²
POBLACIÓN: 40.000
CAPITAL: Vaduz
IDIOMA: alemán

Austria (Europa occidental)

La bandera se inspira en la enseña de un duque austriaco que, según cuenta la leyenda, perdió el estandarte en plena batalla y alzó como insignia su túnica toda empapada de sangre, a excepción de la franja blanca donde tenía el cinturón. **Parecida:** Letonia (17)

SUPERFICIE: 83.870 km²
POBLACIÓN: 8.977.000
CAPITAL: Viena
IDIOMA: alemán

Portugal (Sur de Europa)

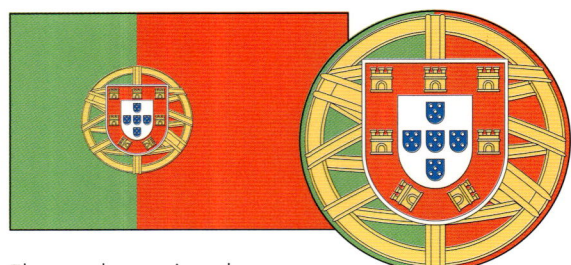

El escudo nacional que aparece en la bandera lleva detrás una esfera armilar dorada, un instrumento de navegación que usaban los exploradores portugueses en sus travesías por el mundo en los siglos XV-XVII.

SUPERFICIE: 92.391 km²
POBLACIÓN: 10.223.000
CAPITAL: Lisboa
IDIOMA: portugués

España (Sur de Europa)

En el escudo de armas aparece una cinta roja con las palabras latinas *Plus ultra*, que significan *Más allá*. Este es el lema del monarca Carlos I de España, que gobernó un gran imperio durante el siglo XVI.

SUPERFICIE: 504.750 km²
POBLACIÓN: 47.473.000
CAPITAL: Madrid
IDIOMAS: castellano, catalán, euskera, gallego, valenciano

Italia (Sur de Europa)

La bandera italiana evoca la francesa (18). Estos tres colores aparecieron en banderas del norte de Italia durante la ocupación del emperador francés Napoleón. Italia adoptó el diseño al unificarse en 1861.
Parecida: México (5)

SUPERFICIE: 301.230 km²
POBLACIÓN: 58.698.000
CAPITAL: Roma
IDIOMA: italiano

Andorra (Sur de Europa)

Situada en los Pirineos, entre España (20) y Francia (18), esta diminuta nación refleja en su bandera las de sus vecinos, con el lema *la virtud unida es más fuerte*.
Parecidas: Moldavia (26), Rumanía (26), Chad (34)

SUPERFICIE: 468 km²
POBLACIÓN: 80.000
CAPITAL: Andorra la Vella
IDIOMAS: catalán, español

San Marino (Sur de Europa)

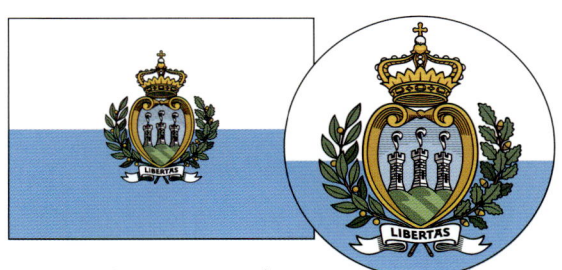

San Marino es un país diminuto situado totalmente dentro de Italia. En el escudo de la bandera aparecen los tres picos del monte Titano y sus tres fortalezas, que antiguamente protegían la capital. El lema reza *Libertad* en latín.

SUPERFICIE: 160 km²
POBLACIÓN: 34.000
CAPITAL: San Marino
IDIOMA: italiano

La Ciudad del Vaticano
(Sur de Europa)

El Vaticano, en Roma (Italia), es la nación más pequeña del mundo. El Papa, cabeza de la Iglesia católica, es su Jefe de Estado. La bandera, cuadrada como la suiza, muestra la antigua corona papal y las llaves del cielo.

SUPERFICIE: 0,44 km²
POBLACIÓN: 520
IDIOMAS: italiano, latín

21

Eslovenia (Sur de Europa)

En el escudo de armas se ven los tres picos del monte Triglav, el más alto del país. La línea ondulada representa los ríos eslovenos y el mar Adriático. El triángulo de estrellas es del escudo de una familia que reinó en el medievo.
Parecidas: Eslovaquia (25), Rusia (27)

SUPERFICIE: 20.273 km²
POBLACIÓN: 2.118.000
CAPITAL: Liubliana
IDIOMA: esloveno

Malta (Sur de Europa)

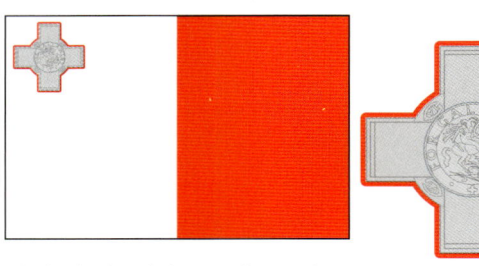

El símbolo del cantón es la Cruz de Jorge. Es el máximo galardón civil del Reino Unido, que el rey británico Jorge VI otorgó al pueblo maltés en el año 1942 por su heroísmo durante la segunda Guerra Mundial, cuando Malta todavía era colonia de este país.

SUPERFICIE: 316 km²
POBLACIÓN: 537.000
CAPITAL: La Valeta
IDIOMAS: maltés, inglés

Croacia (Sur de Europa / Balcanes)

El escudo ajedrezado alude al rey croata cristiano del siglo X Esteban Držislav. Según la leyenda, este rey obtuvo su libertad del cautiverio veneciano ganando al ajedrez al dogo Pedro II Orseolo.
Parecida: Paraguay (14)

SUPERFICIE: 56.542 km²
POBLACIÓN: 3.987.000
CAPITAL: Zagreb
IDIOMA: croata

Serbia (Balcanes)

En el escudo de armas serbio aparece un águila de dos cabezas (ver Albania, 24). En el centro hay cuatro letras cirílicas que significan *Solo la unidad salva a los serbios*.
Parecida: Eslovaquia (25)

SUPERFICIE: 77.474 km²
POBLACIÓN: 7.097.000
CAPITAL: Belgrado
IDIOMAS: serbio, húngaro, eslovaco, rumano

Bosnia y Herzegovina
(Balcanes)

En 1995, la ONU (63) ayudó a las facciones en guerra de bosnios, serbios y croatas a crear una nueva nación y, en 1998, eligió esta bandera. El triángulo representa los tres pueblos y la forma del país. El fondo azul con estrellas hace referencia a Europa.

SUPERFICIE: 51.209 km^2
POBLACIÓN: 3.194.000
CAPITAL: Sarajevo
IDIOMAS: bosnio, serbio, croata

Montenegro (Balcanes)

Esta bandera se izó de manera oficial en 2006, cuando Montenegro se independizó de Serbia, aunque ya se llevaba usando dos años. Se basa en la enseña del único rey que ha habido en Montenegro, Nicolás I, que ocupó el trono de 1910 a 1918.

SUPERFICIE: 14.026 km^2
POBLACIÓN: 626.000
CAPITAL: Podgorica
IDIOMAS: montenegrino, serbio

Grecia (Sur de Europa / Balcanes)

Las franjas de color azul y blanco, que representan las olas del mar, son nueve como las sílabas del lema nacional: *Eleftheria i thanatos*, que significa *Libertad o muerte*. La cruz refleja la tradición cristiana del país.

SUPERFICIE: 131.940 km^2
POBLACIÓN: 10.301.000
CAPITAL: Atenas
IDIOMA: griego

Macedonia del Norte (Balcanes)

Macedonia del Norte se escindió de Yugoslavia en 1991–1992. La bandera, izada por primera vez en 1995, ilustra el himno nacional, que habla de un nuevo amanecer sobre Macedonia. Los colores, los toma del antiguo escudo del país.

SUPERFICIE: 25.333 km^2
POBLACIÓN: 2.083.000
CAPITAL: Skopie
IDIOMAS: macedonio, albanés

Albania (Balcanes)

El héroe nacional albanés Skanderbeg, que defendió el país de la invasión turca en el siglo XV, adoptó el antiguo símbolo bizantino del águila de dos cabezas. El fondo rojo representa la valentía de los albaneses a lo largo de la historia.

SUPERFICIE: 28.748 km²
POBLACIÓN: 2.826.000
CAPITAL: Tirana
IDIOMA: albanés

Kosovo (Balcanes)*

En 2008, Kosovo proclamó su independencia de Serbia (22) y sacó el diseño de la bandera a concurso. La bandera que resultó ganadora refleja el deseo del país de adherirse a la Unión Europea (ver p. 63). Las seis estrellas representan los seis pueblos principales de este territorio.

SUPERFICIE: 10.887 km²
POBLACIÓN: 1.667.000
CAPITAL: Pristina
IDIOMAS: albanés, serbio, bosnio

Polonia (Europa oriental)

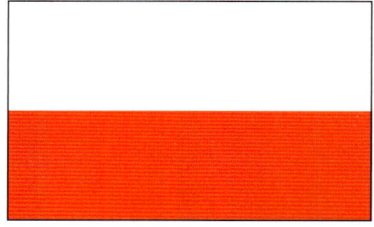

Los escolares polacos aprenden una canción sobre la bandera que dice: *El blanco es como la plata / Agua, pureza e inocencia / Y el rojo es el color del fuego / Sangre, coraje y valentía.*
Parecidas: Indonesia (56), Mónaco (19)

SUPERFICIE: 313.679 km²
POBLACIÓN: 40.222.000
CAPITAL: Varsovia
IDIOMA: polaco

República Checa (Europa oriental)

Esta era la bandera de Checoslovaquia, que la República Checa conservó tras dividirse el país en 1993. El rojo y el blanco proceden del escudo de Bohemia, al oeste del país, y el azul, del escudo de Eslovaquia. También recuerda la bandera paneslava (ver p. 27).
Parecida: Filipinas (56)

SUPERFICIE: 78.866 km²
POBLACIÓN: 10.504.000
CAPITAL: Praga
IDIOMA: checo

*A fecha de publicación, hay multitud de países que no reconocen Kosovo como Estado independiente.

Eslovaquia (Europa oriental)

En el escudo de armas eslovaco aparece una cruz cristiana ortodoxa sobre tres colinas que simbolizan las tres cadenas montañosas donde el pueblo eslovaco vivía originalmente.
Parecidas: Eslovenia (22), Rusia (27)

SUPERFICIE: 48.845 km²
POBLACIÓN: 5.703.000
CAPITAL: Bratislava
IDIOMAS: eslovaco, húngaro

Hungría (Europa oriental)

Esta bandera se ondeó por primera vez durante la revolución de 1848 contra el imperio austríaco. Los tres colores proceden del escudo de armas de Hungría; el diseño está inspirado en la bandera francesa (18).

SUPERFICIE: 93.030 km²
POBLACIÓN: 9.995.000
CAPITAL: Budapest
IDIOMA: húngaro

La heráldica en las banderas

Muchas banderas nacionales derivan de la heráldica; es decir, de los escudos de armas que distinguían a los monarcas o nobles europeos. Si te fijas bien en las banderas de estos países, verás que sus combinaciones de rojo, blanco y otros elementos se inspiran en estos escudos.

Polonia

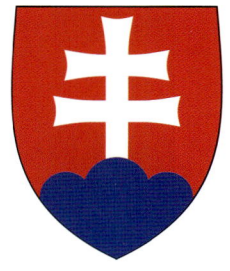

Eslovaquia

Hungría

Bielorrusia (Europa oriental)

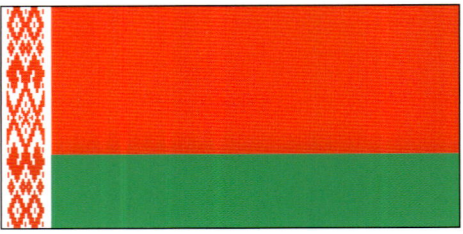

En 1951, la bandera lucía el emblema de la hoz y el martillo (ver p. 52), pues Bielorrusia era parte de la Unión Soviética. La franja vertical, de diseño ornamentado, representa la pureza y la dicha de su cultura. Al independizarse en 1991, el país adoptó otra bandera, pero en 1995 retomó esta sin el símbolo soviético.

SUPERFICIE: 207.600 km²
POBLACIÓN: 9.455.000
CAPITAL: Minsk
IDIOMA: bielorruso, ruso

Ucrania (Europa oriental)

Los colores se tomaron originalmente del escudo ucraniano, en el que aparece un león dorado sobre un fondo azul. Hoy día, las franjas representan el cielo azul sobre los campos de trigo. Como gran exportador de este cereal, Ucrania se considera *el granero de Europa*.

SUPERFICIE: 603.700 km²
POBLACIÓN: 37.938.000
CAPITAL: Kiev
IDIOMAS: ucraniano, ruso

Moldavia (Europa oriental)

Hasta la segunda Guerra Mundial, Moldavia pertenecía a Rumanía. En el escudo de armas de Moldavia aparecen un águila y una cabeza de uro, que representan dos de las regiones históricas de Rumanía y Moldavia.
Parecidas: Rumanía, Andorra (21)

SUPERFICIE: 33.843 km²
POBLACIÓN: 3.330.000
CAPITAL: Chisináu
IDIOMA: rumano, ruso

Rumanía (Europa oriental)

La franja azul evoca la libertad; la amarilla, la justicia, y la roja, la fraternidad. Los colores aparecían en los escudos y estandartes de la monarquía rumana a finales del siglo XVI. Esta bandera es casi idéntica a la de Chad (34), aunque el tono de azul es distinto.

SUPERFICIE: 237.500 km²
POBLACIÓN: 19.619.000
CAPITAL: Bucarest
IDIOMA: rumano

Bulgaria (Balcanes)

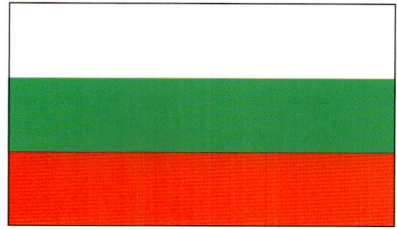

Esta bandera se ondeó por primera vez en 1879. Como otras banderas eslavas, se inspira en la rusa, aunque la franja azul se sustituyó por una verde que representa la libertad. En 1947 se añadió el escudo nacional, que luego se retiró en 1990.
Parecida: Hungría (25)

SUPERFICIE: 110.910 km²
POBLACIÓN: 6.617.000
CAPITAL: Sofía
IDIOMA: búlgaro

Rusia (Europa oriental y Asia)

A finales del siglo XVII, Pedro el Grande, zar de Rusia, visitó los astilleros holandeses para interesarse por la construcción naval. A su regreso, creó una bandera moderna de tres franjas al estilo de la de Países Bajos (19) con los colores del escudo de armas de Moscú.

SUPERFICIE: 17.075.200 km²
POBLACIÓN: 143.957.000
CAPITAL: Moscú
IDIOMA: ruso

La bandera paneslava

Los pueblos eslavos proceden en su mayoría de las regiones orientales y centrales de Europa. En 1848, año muy convulso en todo el continente europeo, los eslavos de muchas naciones se reunieron en la ciudad de Praga, en la actual República Checa (24), para debatir sobre la amenaza de un nuevo imperio germánico. En aquel encuentro se izó la bandera paneslava, representativa de todos estos pueblos.

La bandera paneslava fue la primera que adoptó el Reino de Yugoslavia (1918–1943). Años más tarde, sirvió de inspiración para crear la bandera de algunos de los países que integraban la antigua Yugoslavia, como Eslovenia, Croacia y Serbia (22), y de otros como República Checa (24), Eslovaquia (25) y Bulgaria (27).

Túnez (África del Norte)

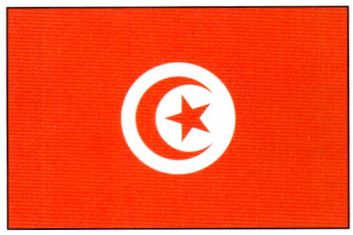

La bandera roja con la estrella y la media luna remite a los tiempos en que Túnez pertenecía al Imperio otomano (ver más abajo). El emblema también alude a la luna de Tanit, diosa de la antigua ciudad de Cartago, muy próxima a Túnez.

SUPERFICIE: 163.610 km^2
POBLACIÓN: 12.565.000
CAPITAL: Túnez
IDIOMAS: árabe, francés

Argelia (África del Norte)

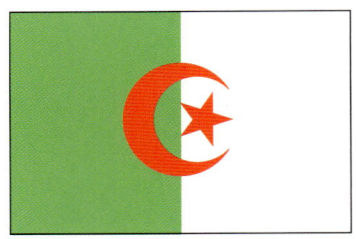

Se cree que el verde y el blanco se inspiran en la bandera del emir Abdelkaderm, poeta y héroe que luchó contra la colonización francesa en el siglo XIX. La estrella y la media luna, que son símbolos del islam, apuntan a su pasado como parte del imperio otomano.

SUPERFICIE: 2.381.740 km^2
POBLACIÓN: 46.279.000
CAPITAL: Argel
IDIOMAS: árabe, francés, dialectos bereberes

La estrella y la media luna

El Imperio otomano, de religión musulmana, se originó en el territorio de la actual Turquía y mantuvo su dominio durante unos 600 años. En los siglos XVI y XVII, su etapa de máximo apogeo, se extendía desde Hungría hasta Etiopía, y desde el mar Caspio hasta Argelia. Tras conquistar Constantinopla (actual Estambul) en el año 1453, adoptó en su bandera el símbolo de la media luna, vinculado a la ciudad. Este emblema, cuyo origen se sitúa en la antigua Asia occidental y suele ir acompañado por una estrella, se ha convertido en uno de los más representativos del islam.

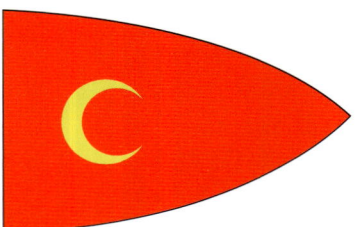

La bandera otomana y la turca han inspirado las de muchos países musulmanes, como Túnez, Argelia (28), Libia (29), Mauritania (30), Azerbaiyán (47), Turkmenistán (47) y Pakistán (49).

Marruecos (África del Norte)

El color rojo procede de la bandera de los alauitas, la familia real marroquí. En 1912, se añadió el sello de Salomón, una estrella de seis puntas que, en 1915, pasaron a ser cinco, en representación de los cinco pilares del islam.

SUPERFICIE: 446.550 km²
POBLACIÓN: 38.211.000
CAPITAL: Rabat
IDIOMAS: árabe, bereber, francés

Libia (África del Norte)

Esta bandera se enarboló por primera vez con motivo de la unificación de Libia en 1951. En 1969, durante el mandato de Gaddafi, se cambió a una verde. En 2011, el nuevo gobierno recuperó este diseño. Los tres colores reflejan las tres regiones del país.

SUPERFICIE: 1.759.540 km²
POBLACIÓN: 6.964.000
CAPITAL: Trípoli
IDIOMAS: árabe, dialectos bereberes, inglés

Egipto (África del Norte)

El color negro representa su pasado oscuro bajo el dominio extranjero; el blanco, la esperanza de un futuro mejor, y el rojo, la sangre que se derramó por la independencia. El emblema es el águila de Saladino, que gobernó Egipto y Siria en el siglo XII.

SUPERFICIE: 1.001.450 km²
POBLACIÓN: 114.484.000
CAPITAL: El Cairo
IDIOMA: árabe

Sudán (África del Norte)

La bandera sudanesa está inspirada en la panárabe (ver p. 43). El rojo refleja la lucha por la independencia; el blanco, la paz, y el negro, el propio Sudán, cuyo nombre significa literalmente *negro*. El triángulo verde representa la religión musulmana, mayoritaria en el país.

SUPERFICIE: 1.886.068 km²
POBLACIÓN: 49.358.000
CAPITAL: Jartum
IDIOMAS: árabe, inglés, beya

Mauritania (África del Norte)

Los colores toman de referencia los ideales panafricanos*. El verde, la estrella y la media luna son símbolos del islam (ver p. 28). La luna aparece recostada, como se ve desde Mauritania.
Parecida: Pakistán (49)

SUPERFICIE: 1.030.700 km²
POBLACIÓN: 4.944.000
CAPITAL: Nuakchot
IDIOMAS: árabe, pulaar, soninké, wólof, francés

*Ver Ghana, 32

Cabo Verde (África occidental)

El círculo de estrellas alude a las diez islas de Cabo Verde. El azul representa el océano Atlántico y el cielo; el blanco, la paz, y el rojo, el esfuerzo. Juntos forman una carretera, símbolo del camino hacia la construcción de un nuevo país.

SUPERFICIE: 4.033 km²
POBLACIÓN: 604.000
CAPITAL: Praia
IDIOMAS: criollo, portugués

Senegal (África occidental)

La bandera de Senegal es igual que la de Mali (32), al que estuvo unido, salvo la estrella, que simboliza la unidad y la esperanza. El verde refleja el islam; el amarillo, la riqueza, y el rojo, la lucha.
Parecidas: Mali (32) Camerún (34)

SUPERFICIE: 196.190 km²
POBLACIÓN: 18.222.000
CAPITAL: Dakar
IDIOMAS: wólof, francés, pulaar

Gambia (África occidental)

El rojo evoca el sol ardiente y las extensas sabanas que hay en Gambia; el azul, el río, que da nombre al país que recorre; el verde, sus selvas frondosas, y el blanco, la unidad de los pueblos que lo forman y la paz que reina entre todos ellos.

SUPERFICIE: 11.300 km²
POBLACIÓN: 2.842.000
CAPITAL: Banjul
IDIOMAS: inglés, mandinga, wólof, jola, pulaar, serer

Guinea (África occidental)

Guinea fue la primera colonia francesa que se independizó de su metrópoli, en 1958. La bandera toma de modelo la famosa *Tricolor* (18) y la de Ghana (32), inspirada en el panafricanismo*.
Parecida: Senegal (30), Mali (32)

SUPERFICIE: 245.857 km²
POBLACIÓN: 14.529.000
CAPITAL: Conakri
IDIOMAS: fulfulde, mandinga, susu, francés

*Ver Ghana, 32

Guinea-Bisáu (África occidental)

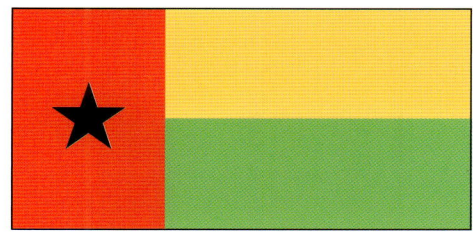

Esta bandera panafricanista* se tomó del partido político que logró la independencia del país, antigua colonia portuguesa, en 1973. El rojo simboliza el sufrimiento del pasado; el amarillo, la riqueza del país; el verde, la vegetación y la esperanza, y la estrella negra, África.

SUPERFICIE: 36.120 km²
POBLACIÓN: 2.197.000
CAPITAL: Bisáu
IDIOMAS: criollo, portugués, fulfulde, balanta, francés, mandinga, manjaco

*Ver Ghana, 32

Sierra Leona (África occidental)

Las franjas verde, blanca y azul se toman del escudo del país, donde se ven colinas verdes sobre olas azules y blancas. El verde encarna la agricultura; el blanco, la unidad y la justicia, y el azul, la esperanza de paz para su pueblo.

SUPERFICIE: 71.740 km²
POBLACIÓN: 8.978.000
CAPITAL: Freetown
IDIOMAS: krio, inglés, mende, temne

Liberia (África occidental)

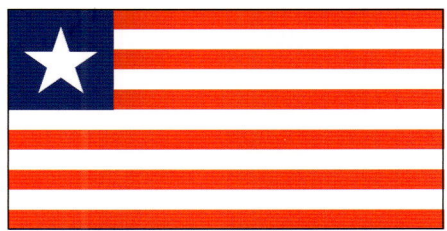

Liberia se fundó como refugio para personas que habían sido esclavizadas en EE. UU. (4), en cuya bandera está inspirada la liberiana. La cruz blanca original del cantón se cambió por una estrella cuando el país se independizó de EE. UU. en el año 1847.

SUPERFICIE: 111.370 km²
POBLACIÓN: 5.537.000
CAPITAL: Monrovia
IDIOMAS: inglés, criollo, kpele, bassa

Mali (África occidental)

El verde representa la tierra; el amarillo, las minas de oro, y el rojo, toda la sangre derramada por el país. Solía haber una figura humana negra, pero se retiró porque el islam (religión mayoritaria) prohíbe la figuración.
Parecidas: Senegal (30), Guinea (31)

SUPERFICIE: 1.240.000 km²
POBLACIÓN: 24.016.000
CAPITAL: Bamako
IDIOMAS: bambara, soninké, fulfulde, mandinga, songhai, francés

Costa de Marfil (África occidental)

Esta bandera se inspira en la *Tricolor* de Francia (18), que dominó el país cuando era uno de los grandes centros del comercio de marfil. El naranja evoca la tierra; el blanco, la paz y la justicia, y el verde, la esperanza.
Parecida: Irlanda (15)

SUPERFICIE: 322.460 km²
POBLACIÓN: 29.603.000
CAPITAL: Yamusukro
IDIOMAS: francés, baulé, diula

Burkina Faso (África occidental)

En este diseño panafricanista tomado de la bandera de Ghana (a la derecha), el rojo representa la lucha del país por su transformación; el verde, la tierra fértil, y la estrella amarilla, los ideales socialistas de su revolución (ver nota al pie de la página 52).

SUPERFICIE: 274.200 km²
POBLACIÓN: 23.840.000
CAPITAL: Uagadugú
IDIOMAS: moré, fulfulde, francés

Ghana (África occidental)

La bandera de Ghana, que se estrenó como país en el año 1957, se inspira en la etíope (36). El rojo refleja la lucha por la independencia; el amarillo, la riqueza del país, y el verde, sus selvas. La estrella negra de África es el símbolo del movimiento panafricanista de liberación*. Estos colores se ven en muchas otras banderas del continente.

SUPERFICIE: 239.460 km²
POBLACIÓN: 34.778.000
CAPITAL: Acra
IDIOMAS: inglés, fanti, twi, dagbani, ga, ewe

*El movimiento panafricanista de liberación, que tuvo una gran relevancia a lo largo del siglo XX, se inspiró en la bandera etíope para promover los colores panafricanos: rojo, verde, amarillo, negro y blanco.

Togo (África occidental)

Esta bandera panafricanista* también se inspira en la de Liberia (31), que sigue el diseño de la estadounidense. El rojo representa la sangre que se derramó por la liberación de Togo; el verde, la esperanza; el amarillo, la unidad, y la estrella, la paz.

SUPERFICIE: 56.785 km²
POBLACIÓN: 9.261.000
CAPITAL: Lomé
IDIOMAS: ewe, elmina, kabiyé, dagomba, francés

*Ver Ghana, 32

Níger (África occidental)

El naranja evoca el desierto del Sáhara, que ocupa la mayor parte del país; el verde, las fértiles llanuras del sur, bañadas por el río Níger; el blanco, la pureza y la esperanza, y el círculo, que también es naranja, el sol.
Parecida: India (49)

SUPERFICIE: 1.267.000 km²
POBLACIÓN: 28.239.000
CAPITAL: Niamey
IDIOMAS: hausa, zarma, francés

Benín (África occidental)

El significado de la bandera de Benín se explica en el himno nacional, que dice *En el verde leerás la esperanza de la renovación / De tus antepasados, el rojo evoca el valor / De los tesoros más ricos, el amarillo es un presagio.*

SUPERFICIE: 112.620 km²
POBLACIÓN: 14.080.000
CAPITAL: Porto Novo
IDIOMAS: fon, francés, yoruba, adja

Nigeria (África occidental)

El verde de la bandera refleja las selvas y los cultivos del país. Antes de que se descubriera petróleo, su economía era mayoritariamente agrícola (palma y cacahuete). Aún hoy, un tercio de los nigerianos se dedican a la agricultura. La franja blanca simboliza la paz.

SUPERFICIE: 923.768 km²
POBLACIÓN: 229.152.000
CAPITAL: Abuya
IDIOMAS: inglés, hausa, yoruba, igbo, fulfulde

Chad (África central)

Este diseño combina la bandera de Francia (18), país del que fue colonia, con el dorado panafricanista*. El azul evoca la esperanza; el amarillo, el sol del desierto, y el rojo, el progreso.
Parecida: Rumanía (26)

SUPERFICIE: 1.284.000 km²
POBLACIÓN: 18.847.000
CAPITAL: Yamena
IDIOMAS: árabe, francés, sara

*Ver Ghana, 32

Camerún (África central)

Camerún siguió el ejemplo de Ghana (32) y diseñó esta bandera con los colores del panafricanismo*: el verde representa la esperanza; el rojo, la unidad del país, y el amarillo, el sol.
Parecida: Senegal (30)

SUPERFICIE: 475.440 km²
POBLACIÓN: 29.394.000
CAPITAL: Yaundé
IDIOMAS: pidgin camerunés, francés, inglés, fulfulde, bulu, ewondo

*Ver Ghana, 32

Guinea Ecuatorial
(África central)

En el escudo de armas de la bandera hay una ceiba, bajo la cual el pueblo de Guinea Ecuatorial firmó un primer tratado con la antigua metrópoli española. Las seis estrellas amarillas responden al territorio continental y las islas que forman el país.

SUPERFICIE: 28.050 km²
POBLACIÓN: 1.755.000
CAPITAL: Malabo
IDIOMAS: español, fang, portugués

Santo Tomé y Príncipe
(África central)

Las dos estrellas de esta bandera de diseño panafricanista* encarnan las dos islas del país. El rojo representa la sangre que se derramó por la independencia; el verde, la fertilidad de sus tierras, y el amarillo, las vainas de cacao, que es su principal cultivo.

SUPERFICIE: 964 km²
POBLACIÓN: 237.000
CAPITAL: Santo Tomé
IDIOMAS: portugués, dialectos criollos

*Ver Ghana, 32

34

Gabón (África central)

Esta bandera se enarboló por primera vez en 1960. La franja amarilla refleja la posición del país en el ecuador, la línea imaginaria que divide la Tierra en dos mitades; la verde, su vegetación, y la azul, el océano Atlántico que baña sus costas.

SUPERFICIE: 267.667 km²
POBLACIÓN: 2.485.000
CAPITAL: Libreville
IDIOMAS: francés, fang, myene

República Centroafricana

La bandera de la República Centroafricana une los colores del anterior poder colonial francés (18) y los del panafricanismo*. La franja roja es símbolo de la sangre compartida por los seres humanos, independientemente de su etnia.

SUPERFICIE: 622.984 km²
POBLACIÓN: 5.916.000
CAPITAL: Bangui
IDIOMAS: sango, francés

*Ver Ghana, 32

Congo
(África central)

El diseño diagonal la distingue de las demás banderas panafricanistas*. El color verde encarna la flora y la agricultura; el amarillo, el compañerismo y la nobleza del pueblo congoleño, y el rojo, la sangre que comparte la humanidad entera.

SUPERFICIE: 342.000 km²
POBLACIÓN: 6.245.000
CAPITAL: Brazzaville
IDIOMAS: francés, kituba, lingala

República Democrática del Congo (África central)

El fondo azul simboliza la paz; el rojo, la sangre derramada por el país; el dorado, la riqueza de su tierra, y la estrella, un futuro brillante. Cuando este país se llamaba Zaire, la bandera era verde con un círculo amarillo y una mano con una antorcha prendida.

SUPERFICIE: 2.345.410 km²
POBLACIÓN: 105.625.000
CAPITAL: Kinsasa
IDIOMAS: francés, kikongo, lingala, suajili, chiluba

*Ver Ghana, 32

Eritrea (África oriental)

El motivo amarillo es una rama y una corona de olivo, tomada de la bandera de la ONU (63). Por ley, es obligatorio respetar la bandera al máximo, así que si alguien ve cómo se iza la bandera, debe dejar lo que esté haciendo y aguardar con respeto hasta que esté alzada.

SUPERFICIE: 117.600 km²
POBLACIÓN: 3.818.000
CAPITAL: Asmara
IDIOMAS: tigriña, afar, árabe

Sudán del Sur (África oriental)

Sudán del Sur se separó de Sudán en 2011. El negro representa el pueblo; el rojo, la lucha por la independencia; el verde, la riqueza natural que hay en el país; el blanco, la paz; el azul, el río Nilo, y la estrella amarilla, la unidad de sus estados. **Parecidas:** Kenia (37), Sudán (29)

SUPERFICIE: 619.745 km²
POBLACIÓN: 11.277.000
CAPITAL: Yuba
IDIOMAS: inglés, árabe

Etiopía (África oriental)

Etiopía es la nación independiente de más antigüedad de África. Los colores de su bandera son los de las enseñas del antiguo Imperio etíope (ver p. 50, *La excepción*). Estos colores han servido de inspiración a muchos otros países africanos. El emblema central simboliza la unidad de sus pueblos.

SUPERFICIE: 1.127.127 km²
POBLACIÓN: 129.720.000
CAPITAL: Adís Abeba
IDIOMAS: amárico, tigriña, árabe

Yibuti (África oriental)

El azul de esta bandera representa el cielo y el mar; el verde, la tierra, y el blanco, la paz. Las franjas azul y verde también reflejan los dos pueblos más importantes del país: los somalíes y los afares. La estrella roja encarna la unidad de la nación y la sangre derramada por lograr la independencia.

SUPERFICIE: 23.000 km²
POBLACIÓN: 1.152.000
CAPITAL: Yibuti
IDIOMAS: somalí, afar, árabe, francés

Somalia (África oriental)

La bandera somalí toma como modelo la de la ONU (63), que colaboró con el país en su transición a la independencia en 1960. La estrella de cinco puntas alude a las cinco regiones africanas (algunas en Kenia y Yibuti) donde viven los somalíes.

SUPERFICIE: 637.657 km²
POBLACIÓN: 18.707.000
CAPITAL: Mogadiscio
IDIOMAS: somalí, árabe, oromo, inglés

Kenia (África oriental)

La bandera panafricanista* de Kenia incorpora el escudo y las lanzas tradicionales del pueblo masái originario del país. El negro representa el color de sus gentes; el rojo, la lucha por la independencia; el verde, la riqueza natural del país, y el blanco, la paz.

SUPERFICIE: 582.650 km²
POBLACIÓN: 56.203.000
CAPITAL: Nairobi
IDIOMAS: suajili, inglés, lenguas bantúes

*Ver Ghana, 32

Uganda (África oriental)

El negro de la bandera hace alusión a África; el amarillo, al sol, y el rojo, a la familia humana universal. En el emblema aparece una grulla coronada gris, ave nacional famosa por su carácter apacible, cualidad muy admirada en el país.

SUPERFICIE: 241.083 km²
POBLACIÓN: 49.924.000
CAPITAL: Kampala
IDIOMAS: luganda, inglés, suajili

Ruanda (África oriental)

El verde de la bandera evoca la esperanza, y el amarillo, la cooperación necesaria para la prosperidad del país. El sol significa la luz del entendimiento, y el azul, que sustituye la franja roja de su antigua bandera, la paz y la felicidad del pueblo ruandés.

SUPERFICIE: 26.338 km²
POBLACIÓN: 14.415.000
CAPITAL: Kigali
IDIOMAS: kiñaruanda, francés, inglés, suajili

Burundi (África oriental)

Las tres estrellas reflejan el lema nacional, *unidad, trabajo y progreso*, además de las tres tribus del país, los hutus, los tutsis y los túas. El rojo simboliza la lucha por la independencia; el verde, la esperanza, y el blanco, la paz. Esta bandera se izó por primera vez en 1967.

SUPERFICIE: 27.830 km²
POBLACIÓN: 13.592.000
CAPITALES: Guitega, Bujumbura
IDIOMAS: kirundi, francés, suajili

Tanzania (África oriental)

En 1964, Tanganika y Zanzíbar se unieron para formar Tanzania. La bandera de Tanganika era verde con una franja negra entre dos amarillas más finas. La de Zanzíbar tenía tres franjas en azul, negro y verde. La nueva bandera se creó con la combinación de estos dos diseños.

SUPERFICIE: 945.087 km²
POBLACIÓN: 69.419.000
CAPITAL: Dodoma
IDIOMAS: suajili, inglés, sukuma

Comoras (África oriental)

Las cuatro franjas representan las islas principales: Mohéli (amarillo), Mayotte (blanco), Anjouan (rojo) y Gran Comora (azul). El triángulo verde con las estrellas y la media luna refleja la religión oficial del país: el islam (28).

SUPERFICIE: 2.170 km²
POBLACIÓN: 868.000
CAPITAL: Moroni
IDIOMAS: comoriano, francés, árabe

Seychelles (África oriental)

Ondeada por primera vez en 1996, la bandera expresa el dinamismo de un país joven que avanza hacia un futuro mejor. El azul representa el cielo y el mar que rodea las islas; el amarillo, es el sol; el rojo simboliza la determinación del pueblo; el blanco, la justicia, y el verde, la tierra.

SUPERFICIE: 455 km²
POBLACIÓN: 108.000
CAPITAL: Victoria
IDIOMAS: criollo seychellense, inglés

Madagascar (África oriental)

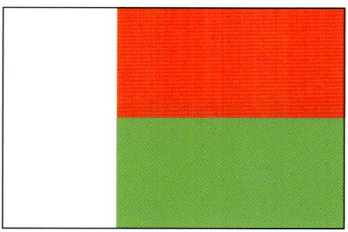

El rojo y el blanco vienen de la bandera de la dinastía Merina, que gobernó en Madagascar durante los siglos XVIII y XIX. El verde representa al pueblo hova, que desempeñó un papel muy importante en la consecución de la independencia.

SUPERFICIE: 587.040 km²
POBLACIÓN: 31.057.000
CAPITAL: Antananarivo
IDIOMAS: malgache, francés

Mauricio (África oriental)

Los colores rojo, azul, amarillo y verde son los del escudo de armas mauriciano. El rojo alude a la lucha encarnizada por la independencia; el azul, al océano Índico; el amarillo, a la luz del futuro, y el verde, a la vegetación de la isla.

SUPERFICIE: 2.040 km²
POBLACIÓN: 1.302.000
CAPITAL: Port Louis
IDIOMAS: criollo mauriciano, francés, bhojpuri, inglés

Malaui (África austral)

El rojo representa la sangre de los que lucharon por la liberación de Malaui; el negro, el pueblo africano, y el verde, la riqueza de su tierra. El sol naciente refleja el surgimiento de la esperanza y la libertad en el continente africano.

SUPERFICIE: 118.480 km²
POBLACIÓN: 21.476.000
CAPITAL: Lilongüe
IDIOMAS: chichewa, chitumbuka, inglés

Mozambique (África austral)

En 1975, el Frente de Liberación de Mozambique consiguió la independencia y se inspiró en los colores del CNA, un partido político de Sudáfrica (41), para crear su bandera. El libro, la azada y el fusil representan la educación, la agricultura y la autodefensa.

SUPERFICIE: 799.380 km²
POBLACIÓN: 34.858.000
CAPITAL: Maputo
IDIOMAS: makonde, makua, suabo, shona, ronga, changana, portugués

Angola (África austral)

La bandera de Angola toma como referencia la del partido que logró la independencia del dominio portugués en 1975. En el centro hay un engranaje cruzado por un machete. Representan la unión entre los trabajadores de la industria y la agricultura. La estrella es símbolo de progreso.

SUPERFICIE: 1.246.700 km^2
POBLACIÓN: 37.801.000
CAPITAL: Luanda
IDIOMAS: portugués, umbundu, kikongo, kimbundu, otras lenguas bantúes

Zambia (África austral)

Esta bandera posee la peculiaridad de que luce sus símbolos en la orilla batiente. El águila refleja la superación de las dificultades; el naranja, el cobre, el principal producto de exportación; el negro, el color del pueblo zambio, y el rojo, la lucha por la liberación.

SUPERFICIE: 752.614 km^2
POBLACIÓN: 21.135.000
CAPITAL: Lusaka
IDIOMAS: bemba, nyanja, tonga, inglés, kaonde, lozi, lunda, luvale

Zimbabue (África austral)

El emblema del triángulo es una estatuilla de un ave hallada entre las ruinas del Gran Zimbabue, antigua ciudad de piedra cuyas murallas de 250 m de perímetro siguen en pie hoy en día. Las franjas adoptan los colores del diseño panafricanista*.

SUPERFICIE: 390.580 km^2
POBLACIÓN: 17.020.000
CAPITAL: Harare
IDIOMAS: shona, ndebele, inglés

Namibia (África austral)

En esta bandera, el color rojo simboliza el pueblo namibio; el azul, el océano Atlántico y el cielo; el verde, la riqueza de la tierra, y el blanco, la paz y la unidad. El sol encarna los valores de la vida y la energía del país.

SUPERFICIE: 825.418 km^2
POBLACIÓN: 2.675.000
CAPITAL: Windhoek
IDIOMAS: oshivambo, nama-damara, lozi, inglés, herero, rukavango, afrikáans, alemán

*Ver Ghana, 32

40

Botsuana (África austral)

La bandera se inspira en el escudo de armas de Botsuana, donde aparecen dos cebras y el lema nacional: *Pula*, que en setswana significa *Que llueva*. El azul alude a la tan ansiada lluvia, y las franjas blancas y negra, a la armonía entre etnias.

SUPERFICIE: 600.370 km²
POBLACIÓN: 2.720.000
CAPITAL: Gaborone
IDIOMAS: setswana, kalanga, inglés

Sudáfrica (África austral)

En 1994, las primeras elecciones de Sudáfrica acabaron con el sistema de segregación racial llamado *apartheid*. La bandera combina otras más antiguas con la del partido político CNA. La "Y" verde simboliza la confluencia de dos pueblos antes separados.

SUPERFICIE: 1.219.912 km²
POBLACIÓN: 61.020.000
CAPITALES: Pretoria, Bloemfontein, Ciudad del Cabo
IDIOMAS: zulú, xhosa, afrikáans, inglés

Esuatini (África austral)

En esta bandera, donde el rojo representa las batallas libradas en el pasado; el amarillo, la riqueza del país, y el azul, la paz, figura un escudo tradicional junto con dos lanzas y un bastón de combate adornados con plumas de obispo colilargo y turaco.

SUPERFICIE: 17.363 km²
POBLACIÓN: 1.222.000
CAPITALES: Mbabane, Lobamba
IDIOMAS: suazi, inglés

Lesoto (África austral)

El azul, el blanco y el verde de la bandera de Lesoto, diseñada en 2006, evocan la lluvia, la paz y la prosperidad. El emblema muestra un *mokorotlo*, el sombrero de paja típico del pueblo basoto. Su color negro alude al continente africano.

SUPERFICIE: 30.355 km²
POBLACIÓN: 2.330.000
CAPITAL: Maseru
IDIOMAS: sesoto, inglés, xhosa, zulú, phuthi

Turquía (Asia occidental)

Este diseño es muy parecido al del Imperio otomano (ver p. 28), en el que se inspira. Según cuenta la leyenda, durante la batalla de Kosovo de 1448, se observó el reflejo de una estrella solitaria y una media luna en los charcos de sangre.

SUPERFICIE: 780.580 km²
POBLACIÓN: 86.260.000
CAPITAL: Ankara
IDIOMA: turco, griego, armenio, árabe, ladino, laz, kurdo

Chipre (Asia occidental)

El fondo blanco y las ramas de olivo son símbolo de esperanza de una paz futura entre chipriotas griegos y turcos. El mapa naranja hace alusión al cobre extraído en sus minas desde la antigüedad. La palabra *cobre* significaba *metal de Chipre.*

SUPERFICIE: 9.250 km²
POBLACIÓN: 1.268.000
CAPITAL: Nicosia
IDIOMAS: griego, turco, inglés

Líbano (Asia occidental)

El cedro es el árbol nacional y el símbolo del Líbano desde hace miles de años. Los libaneses ya exportaban madera de cedro al antiguo Egipto. Este árbol representa la inmortalidad y la tenacidad del pueblo libanés.

SUPERFICIE: 10.400 km²
POBLACIÓN: 5.219.000
CAPITAL: Beirut
IDIOMAS: árabe, francés, inglés

Siria (Asia occidental)

Los colores de esta bandera aluden a sucesos históricos importantes del islam. En la lucha de Siria por lograr la independencia, adoptaron otros significados. El color negro es el pasado oscuro del país; el blanco, un futuro mejor, y el rojo, la sangre derramada para llegar a él.

SUPERFICIE: 185.180 km²
POBLACIÓN: 24.348.000
CAPITAL: Damasco
IDIOMAS: árabe, kurdo

Israel (Asia occidental)

El emblema es la estrella de David, rey de Israel en la antigüedad. Esta estrella de seis puntas es símbolo del judaísmo. Las franjas de color azul combinadas con el blanco reproducen los colores del manto de oración tradicional judío.

SUPERFICIE: 20.770 km²
POBLACIÓN: 9.312.000
CAPITAL: Tel Aviv
IDIOMAS: hebreo, árabe

Jordania (Asia occidental)

La bandera de Jordania sigue el diseño de la panárabe descrita más abajo. La estrella de siete puntas representa la oración de siete versos del primer capítulo del Corán, libro sagrado del islam.
Parecida: Palestina*.

SUPERFICIE: 89.342 km²
POBLACIÓN: 11.385.000
CAPITAL: Amán
IDIOMAS: árabe, inglés

La bandera panárabe

En 1916, los soldados árabes que se rebelaron contra el Imperio otomano (ver p. 28) ondearon una bandera panárabe que simboliza la unidad de todos los pueblos árabes. En sus colores se representan las grandes dinastías del mundo islámico: el negro del califato abasí de Bagdad, el verde del califato fatimí del norte de África, y el blanco del califato omeya de Damasco. El triángulo rojo es el color de la dinastía hachemí de La Meca, lugar de nacimiento del profeta Mahoma.

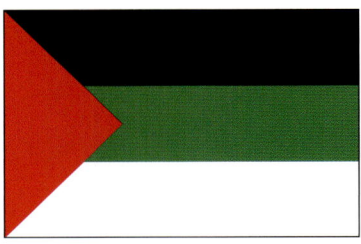

La bandera panárabe ha servido de inspiración para crear la de muchos países árabes, como Palestina*, Egipto (29), Sudán (29), Siria (42), Jordania (43), Kuwait (44), Emiratos Árabes Unidos (45) y Yemen (46).

*Palestina, que España reconoció como Estado el 28 de mayo de 2024, tiene su propia bandera de inspiración panárabe: franja negra arriba, blanca en el centro y verde abajo, más un triángulo rojo pegado al asta.

Irak (Asia occidental)

La inscripción verde en árabe antiguo, que significa *Dios es grande*, se lee de derecha a izquierda, por lo que esta bandera posee la peculiaridad de que se ondea en este sentido.
Parecidas: Egipto (29)

SUPERFICIE: 437.072 km²
POBLACIÓN: 46.524.000
CAPITAL: Bagdad
IDIOMAS: árabe, kurdo, turcomano

Kuwait (Asia occidental)

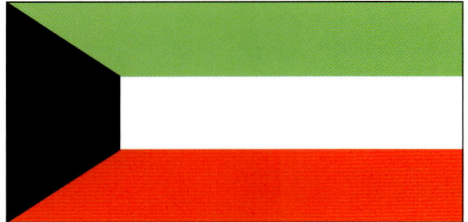

Los colores de la bandera tienen todos su propio significado, tal y como describe este poema kuwaití: *Blancas son nuestras hazañas; negras, nuestras batallas; verdes, nuestras tierras; rojas, nuestras espadas.*
Parecidas: Jordania (43), EAU (45)

SUPERFICIE: 17.820 km²
POBLACIÓN: 4.349.000
CAPITAL: Kuwait
IDIOMAS: árabe, inglés

Arabia Saudí (Asia occidental)

El texto árabe reza *No hay más dios que Alá, y Mahoma es su profeta.* La espada encarna la justicia y apunta siempre hacia fuera, puesto que el asta va a la derecha, al igual que sucede con la bandera de Irak.

SUPERFICIE: 2.149.690 km²
POBLACIÓN: 37.474.000
CAPITAL: Riad
IDIOMAS: árabe

Baréin (Asia occidental)

En 1933, la división entre las secciones blanca y roja pasó de una línea recta a otra en zigzag para distinguirse de otras banderas regionales. Las puntas blancas representan los cinco pilares del islam.
Parecida: Catar (45)

SUPERFICIE: 741 km²
POBLACIÓN: 1.499.000
CAPITAL: Manama
IDIOMAS: árabe, inglés

Catar (Asia occidental)

La bandera histórica catarí era blanca y roja. Según cuenta la leyenda, la gente se fijó en que, por los efectos del sol, la coloración roja se oscurecía hasta tornarse granate, lo que la hacía más atractiva. Desde entonces, la bandera catarí es blanca y granate.

SUPERFICIE: 11.437 km²
POBLACIÓN: 2.737.000
CAPITAL: Doha
IDIOMAS: árabe, inglés

EAU (Asia occidental)

La bandera de **Emiratos Árabes Unidos** sigue el esquema de la panárabe (ver p. 43). El rojo refleja las banderas de antiguos reinos musulmanes; el verde, las fértiles tierras del país; el blanco, la paz, y el negro, el petróleo.
Parecida: Kuwait (44)

SUPERFICIE: 83.600 km²
POBLACIÓN: 9.592.000
CAPITAL: Abu Dabi
IDIOMAS: árabe, inglés

Formatos de bandera

Si te fijas, a lo largo del libro verás que, si bien todas las banderas presentan la misma altura, el ancho varía mucho. La mayor diferencia se encuentra entre la bandera de Suiza (19), que es cuadrada, y la de Catar, la más ancha de todas, con un formato de 11:28 (es decir, 11 unidades de alto por 28 de ancho). El formato oficial más común es de 2:3, como es el caso de la bandera de Francia (18), seguido del formato 1:2, que es el que se observa en la bandera del Reino Unido (15).

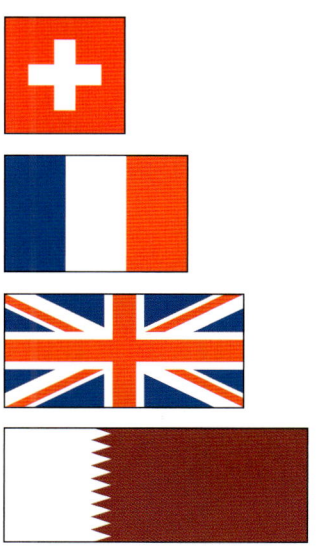

En esta selección de banderas se aprecia toda una gama de formatos. Desde arriba: Suiza, Francia, Reino Unido y Catar.

Yemen (Asia occidental)

Esta bandera se adoptó en 1990 con motivo de la unificación del Yemen. Según la descripción oficial, el rojo encarna la sangre de los mártires; el blanco, la luz del futuro, y el negro, la oscuridad del pasado.
Parecida: Egipto (29)

SUPERFICIE: 527.970 km²
POBLACIÓN: 35.220.000
CAPITAL: Saná
IDIOMA: árabe

Omán (Asia occidental)

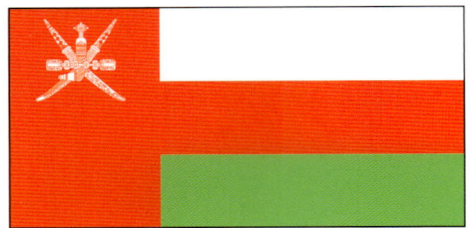

El cantón luce el emblema nacional de Omán: un par de sables cruzados bajo un puñal ceremonial de medialuna, todo coronado por una embocadura de caballo que ilustra la pasión de los omaníes por este animal.

SUPERFICIE: 309.500 km²
POBLACIÓN: 4.644.000
CAPITAL: Mascate
IDIOMAS: árabe, inglés, baluchi

Georgia (Asia occidental)

En esta bandera abunda la simbología medieval. La cruz de san Jorge, patrón del país, ocupa el centro. El conjunto que forma con las cruces de menor tamaño sigue el diseño de la cruz de Jerusalén, emblema de los soldados cristianos de las Cruzadas.

SUPERFICIE: 69.700 km²
POBLACIÓN: 3.717.000
CAPITAL: Tiflis
IDIOMAS: georgiano, abjasio, ruso, armenio

Armenia (Asia occidental)

El monte Ararat es el símbolo nacional. El diseño de la bandera podría inspirarse en el arcoíris que Noé vio sobre este lugar, según el relato bíblico. El rojo representa los montes armenios y la lucha del pueblo por la supervivencia; el azul, su voluntad de paz, y el naranja, su creatividad y esfuerzo.

SUPERFICIE: 29.743 km²
POBLACIÓN: 2.778.000
CAPITAL: Ereván
IDIOMA: armenio

Azerbaiyán (Asia occidental)

Las tres franjas reflejan varios aspectos de la cultura azerbaiyana. El color azul alude al origen del pueblo azerbaiyano; el rojo, al deseo de crear una sociedad moderna y democrática, y el verde, a su religión islámica, también representada por la estrella y la media luna (ver p. 28).

SUPERFICIE: 86.600 km^2
POBLACIÓN: 10.463.000
CAPITAL: Bakú
IDIOMA: azerí

Irán (Asia occidental)

El emblema iraní representa a Alá en forma de tulipán, símbolo del martirio (muerte por creencias religiosas o ideológicas) con cinco secciones que responden a los cinco pilares del islam. Las cenefas son inscripciones en árabe que dicen, 22 veces, *Dios es grande.*

SUPERFICIE: 1.648.000 km^2
POBLACIÓN: 89.810.000
CAPITAL: Teherán
IDIOMAS: farsi, kurdo, azerí

Kazajistán (Asia central)

Fíjate bien y verás que en el emblema hay un águila que vuela bajo el sol, en representación de la independencia del pueblo kazajo. El estampado situado a la izquierda sigue un diseño tradicional llamado *qoshqar muyiz*, que significa *cuernos de carnero.*

SUPERFICIE: 2.717.300 km^2
POBLACIÓN: 19.828.000
CAPITAL: Astaná
IDIOMAS: kazajo, ruso

Turkmenistán (Asia central)

Los cinco diseños de la banda vertical son motivos tradicionales de alfombras, asociados a las tribus más importantes del país. Las dos ramas de olivo reflejan la amistad internacional, y la media luna con las cinco estrellas, el islam.

SUPERFICIE: 488.100 km^2
POBLACIÓN: 6.598.000
CAPITAL: Asjabad
IDIOMAS: turkmeno, uzbeko, ruso

Uzbekistán (Asia central)

La enseña de Tarmelán, conquistador del siglo XIV nacido en Uzbekistán, era azul. Las doce estrellas son las doce regiones del país, y la media luna hace referencia al islam, la religión que practica la mayoría de la población.

SUPERFICIE: 447.400 km²
POBLACIÓN: 35.674.000
CAPITAL: Taskent
IDIOMAS: uzbeko, ruso

Kirguistán (Asia central)

Muchos kirguisos son nómadas que pasan el verano en yurtas que instalan en las estepas, las grandes llanuras del país, cuidando de sus rebaños. Dentro del símbolo del sol se inscribe el aro central del techo de una yurta, la tradicional carpa nómada.

SUPERFICIE: 198.500 km²
POBLACIÓN: 6.840.000
CAPITAL: Biskek
IDIOMAS: kirguís, ruso, uzbeko

Tayikistán (Asia central)

El emblema comprende una corona y siete estrellas de oro, número que simboliza la perfección. El rojo evoca el sol y la victoria; el blanco, la pureza, la nieve y el algodón, y el verde, el islam y las riquezas naturales del país.
Parecida: Hungría (25)

SUPERFICIE: 143.100 km²
POBLACIÓN: 10.332.000
CAPITAL: Dusambé
IDIOMAS: tayiko, ruso, uzbeko, kirguís

Afganistán (Asia central y meridional)

El símbolo nacional afgano es una mezquita flanqueada por dos banderas. Abajo, aparece la inscripción del año del calendario musulmán en que el país se independizó del dominio británico: 1298, que es el equivalente al año 1919 en el calendario occidental.

SUPERFICIE: 652.230 km²
POBLACIÓN: 43.373.000
CAPITAL: Kabul
IDIOMAS: darí, pastún

Pakistán (Asia meridional)

En el islam, el verde es el color de la vida y la prosperidad, y en esta bandera refleja la mayoría musulmana del país. La franja blanca representa a las minorías de otros credos. La media luna encarna el progreso, y la estrella, la luz del conocimiento.

SUPERFICIE: 803.940 km^2
POBLACIÓN: 245.210.000
CAPITAL: Islamabad
IDIOMAS: urdu, inglés, punjabi, sindi, pastún, baluchi

India (Asia meridional)

La rueda azul marino que aparece en el centro representa el chakra del dharma, símbolo de las enseñanzas de la fe budista, con 24 radios que son sus virtudes. Todas las banderas indias se fabrican artesanalmente.

SUPERFICIE: 3.287.590 km^2
POBLACIÓN: 1.441.720.000
CAPITAL: Nueva Deli
IDIOMAS: hindi, inglés, bengalí, marati, telugu, tamil, urdu

Maldivas (Asia meridional)

La primera bandera de las Maldivas era completamente roja. Más adelante, se añadió el rectángulo central verde con la media luna blanca para honrar la tradición islámica del país (ver p. 28). Este diseño se adoptó en 1965.

SUPERFICIE: 300 km^2
POBLACIÓN: 518.000
CAPITAL: Malé
IDIOMAS: maldivo, inglés

Sri Lanka (Asia meridional)

Las cuatro hojas que rodean el león simbolizan el budismo, cuyo fundador, Buda, se iluminó estando sentado a los pies de una higuera. El naranja representa a la minoría tamil del país, y el verde, a la musulmana.

SUPERFICIE: 65.610 km^2
POBLACIÓN: 21.949.000
CAPITALES: Colombo, Sri Jayawardenapura Kot
IDIOMAS: cingalés, tamil, inglés

Nepal (Asia meridional)

La bandera nepalí es la única del mundo que tiene un diseño irregular. Los triángulos simbolizan el Himalaya y las dos religiones del país: el hinduismo y el budismo.

El rojo es el color del rododendro, la flor nacional; el azul, el de la paz. La luna tumbada expresa la naturaleza pacífica del país, y el sol, la fiereza de los guerreros nepalíes.

SUPERFICIE: 147.181 km²
POBLACIÓN: 31.240.000
CAPITAL: Katmandú
IDIOMAS: nepalí, maitili, bojpuri, taru

Bután (Asia meridional)

El dragón es símbolo nacional de Bután. En el idioma de esta región montañosa, Bután significa *país del dragón atronador*. El triángulo superior amarillo representa la tradición civil, y el naranja, el budismo, autoridad espiritual del país.

SUPERFICIE: 47.000 km²
POBLACIÓN: 792.000
CAPITAL: Timbu
IDIOMAS: dzongkha, nepalí

La excepción

Hasta el siglo XVIII, los países europeos no adoptaron un diseño uniforme en sus banderas. El rectángulo se eligió por resultar práctico y, poco a poco, el resto del mundo fue adaptando sus banderas a este modelo. En 1897, Etiopía (36) convirtió sus banderolas en una bandera rectangular moderna. El más remoto Nepal no se vio tan afectado por la moda y, aún hoy día, son pocos los nepalíes que querrían tener una bandera rectangular, prefiriendo ser la excepción.

Banderolas etíopes

Bandera de Etiopía 1897–1974

50

Bangladés (Asia meridional)

El círculo rojo encarna un sol naciente,
símbolo de esperanza para un país que
tanto ha luchado por su independencia.
El sol está ligeramente más cerca del asta,
para que parezca centrado cuando
la bandera ondea al viento.

SUPERFICIE: 144.000 km^2
POBLACIÓN: 174.701.000
CAPITAL: Daca
IDIOMAS: bengalí, inglés

Mongolia (Asia oriental)

El azul de la bandera simboliza el cielo eterno,
y el rojo, el progreso y la prosperidad del país.
Cerca del asta aparece el *soyombo* dorado,
emblema de Mongolia, compuesto de varios
símbolos, como las dos columnas que evocan
la fortaleza y la unidad de su pueblo.

SUPERFICIE: 1.564.116 km^2
POBLACIÓN: 3.494.000
CAPITAL: Ulán Bator
IDIOMA: mongol

Corea del Norte (Asia oriental)

Esta es la bandera de Corea del Norte
desde que el país se independizó en 1948.
La estrella roja responde a la ideología
comunista del país (ver p. 52), mientras
que los colores azul, blanco y rojo son
los tradicionales de la cultura coreana.

SUPERFICIE: 120.540 km^2
POBLACIÓN: 26.245.000
CAPITAL: Pionyang
IDIOMA: coreano

Corea (Asia oriental)

El símbolo central es el *taeguk* coreano. Al igual
que el *yin-yang* chino, ilustra la creencia de que
el mundo se integra de opuestos que dependen
entre sí. Por ejemplo, la luz no se entendería
sin el concepto de oscuridad. Los cuatro signos
representan el aire, el agua, la tierra y el fuego.

SUPERFICIE: 98.480 km^2
POBLACIÓN: 51.742.000
CAPITAL: Seúl
IDIOMA: coreano

China (Asia oriental)

Esta bandera se adoptó en el año 1949, con el ascenso al poder del Partido Comunista* chino, representado con la estrella grande. Las otras cuatro estrellas de menor tamaño hacen alusión a las cuatro clases sociales que se unificaron con el nuevo régimen.

SUPERFICIE: 9.600.000 km²
POBLACIÓN: 1.425.179.000
CAPITAL: Pekín
IDIOMA: chino mandarín

Hong Kong RAE** (Asia oriental)

Hong Kong estuvo bajo el dominio colonial británico de 1841 a 1997. Su bandera, al igual que la de China, país al que pertenece, tiene cinco estrellas. El emblema central es una flor autóctona que simboliza la autogestión que se prometió a esta ciudad portuaria.

SUPERFICIE: 1.114 km²
POBLACIÓN: 7.503.100
IDIOMAS: chino cantonés, inglés

**Región Administrativa Especial

La bandera roja del comunismo

A lo largo de la historia, las banderas rojas han sido símbolo de revolución. Los trabajadores franceses que se alzaron en la revolución parisina de 1848 ya ondearon una bandera roja. En octubre de 1917, el Partido Comunista Bolchevique de Rusia (27) derrocó al Gobierno y, en 1922, fundó la Unión Soviética. La nueva bandera del país era de color rojo, por la revolución, y lucía una estrella roja de borde amarillo, emblema del comunismo, así como una hoz y un martillo para reflejar la unión de campesinos y obreros.

Muchos países comunistas como Corea del Norte (51), China (52) o Vietnam (54) han tomado como modelo la bandera roja de la Unión Soviética (1922–1991).

*El comunismo es un sistema político que pretende la distribución equitativa de la riqueza creada por la sociedad, así como el control por parte del Gobierno de todos los medios de producción de dicha riqueza, en nombre del pueblo.

52

Macao RAE** (Asia oriental)

Macao, que estuvo bajo el dominio colonial de Portugal, volvió a formar parte de China en el año 1999. Los tres pétalos de la flor de loto del emblema representan la península de Macao y sus dos islas, Taipa y Coloane. Las estrellas remiten a su pertenencia a China.

SUPERFICIE: 33,3 km²
POBLACIÓN: 704.000
IDIOMAS: chino cantonés, portugués

**Región Administrativa Especial

Japón (Asia oriental)

La bandera nacional del Japón se llama *Hinomaru*, que significa *círculo del sol*, aludiendo al nombre del país en japonés, *Nippon*, que se traduce como *país del sol naciente*. Aunque se hizo oficial en 1854, la bandera se usa desde el siglo XIV.

SUPERFICIE: 377.835 km²
POBLACIÓN: 122.631.000
CAPITAL: Tokio
IDIOMA: japonés

Myanmar (Sudeste asiático)

Los colores amarillo, verde y rojo proceden de la bandera que el país (antes llamado Birmania) tuvo en la década de 1940. Hoy día, reflejan el espíritu comunitario, la paz y el valor. El blanco es símbolo de pureza, honestidad, compasión y fuerza.

SUPERFICIE: 678.500 km²
POBLACIÓN: 54.965.000
CAPITALES Naypidó, Rangún
IDIOMA: myanma

Laos (Sudeste asiático)

Laos es uno de los pocos países comunistas que no lucen una estrella en su bandera. El disco blanco sobre la franja azul, que evoca la luna llena sobre el río Mekong, es símbolo de la unidad del pueblo, y las dos franjas rojas, de la sangre derramada por la independencia.

SUPERFICIE: 236.800 km²
POBLACIÓN: 7.737.000
CAPITAL: Vientián
IDIOMAS: laosiano, khmu, hmong, francés

Tailandia (Sudeste asiático)

La antigua bandera tailandesa mostraba un elefante blanco* sobre fondo rojo. Los colores actuales, rojo, blanco y azul, se inspiran en las banderas de los aliados de Tailandia en la primera Guerra Mundial.
Parecida: Costa Rica (7)

SUPERFICIE: 514.000 km^2
POBLACIÓN: 71.886.000
CAPITAL: Bangkok
IDIOMAS: tailandés, inglés

*Aún aparece en la insignia de la Armada (ver p. 62).

Camboya (Sudeste asiático)

Esta es la séptima bandera de Camboya desde que el país logró su independencia en 1948. El emblema del centro, sobre la franja roja, representa el templo de Angkor Wat, el único edificio del mundo que aparece en una bandera nacional.

SUPERFICIE: 181.040 km^2
POBLACIÓN: 17.122.000
CAPITAL: Nom Pen
IDIOMAS: jemer, francés

Vietnam (Sudeste asiático)

El fondo rojo con la estrella de cinco puntas sigue el patrón de otras banderas de países comunistas (ver p. 52). El color rojo encarna la revolución, y las puntas de la estrella, la unión del pueblo vietnamita: obreros, labradores, soldados, pensadores y jóvenes.

SUPERFICIE: 329.560 km^2
POBLACIÓN: 99.498.000
CAPITAL: Hanói
IDIOMAS: vietnamita, francés, inglés, jemer, chino

Malasia (Sudeste asiático)

La estrella y la media luna de esta bandera de 1963 son símbolos del islam, y el color amarillo, de la realeza. Las 14 franjas de la bandera representan la igualdad entre los 13 estados del país y el gobierno federal.
Parecida: Estados Unidos de América (4)

SUPERFICIE: 329.750 km^2
POBLACIÓN: 34.672.000
CAPITALES: Kuala Lumpur, Putrajaya
IDIOMAS: malayo, inglés, chino, tamil

Singapur (Sudeste asiático)

Esta bandera data de 1959, año en que la ciudad de Singapur, entonces colonia británica, pasó a ser un estado autónomo dentro del Imperio. El rojo refleja la unidad de las etnias, y el color blanco, la pureza y la virtud de su pueblo.
Parecida: Indonesia (56)

> **SUPERFICIE:** 693 km²
> **POBLACIÓN:** 6.053.000
> **IDIOMAS:** chino, malayo, inglés, tamil

Brunéi (Sudeste asiático)

El emblema de Brunéi representa el islam. Los brazos abiertos responden a la promesa del Gobierno de servir al pueblo. Las palabras en árabe sobre la media luna significan: *Siempre al servicio con la guía de Dios.*

> **SUPERFICIE:** 5.770 km²
> **POBLACIÓN:** 456.000
> **CAPITAL:** Bandar Seri Begawan
> **IDIOMAS:** malayo, inglés, chino

Banderas con franjas

Las franjas de colores vivos ya se empleaban en banderas medievales. El pabellón (o bandera marítima) de los buques mercantes portugueses del siglo XVII lucía franjas verdes y blancas, en las que podrían haberse inspirado las rojas y blancas del inglés. Estas banderas, que recorrieron el mundo con sus barcos, sirvieron de modelo para muchas otras, como la de EE. UU. (4), Grecia (23), Indonesia (56) y Malasia (54). Las dos últimas también se inspiran en la insignia del Imperio Majapahit, que dominó los mares del Sudeste asiático del siglo XIII al XVI.

Pabellón portugués

Compañía Inglesa de las Indias Orientales

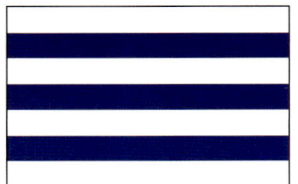

Pabellón francés

Filipinas (Sudeste asiático)

Los rayos del sol representan las ocho provincias filipinas que se sublevaron contra el dominio español en 1896. Esta es la única bandera que se ondea boca abajo cuando el país está en guerra. **Parecida:** República Checa (24)

SUPERFICIE: 300.000 km²
POBLACIÓN: 119.116.000
CAPITAL: Manila
IDIOMAS: filipino, tagalo, ilocano, cebuano, ilongo, chabacano, inglés

Indonesia (Sudeste asiático)

Los colores simbolizan la vida humana: el rojo representa el cuerpo, y el blanco, el alma. El diseño deriva de la bandera del siglo XIII del Imperio Majapahit, que incluía Indonesia. Esta bandera es casi idéntica a la de Mónaco (19), con otras proporciones.

SUPERFICIE: 1.919.440 km²
POBLACIÓN: 279.798.000
CAPITAL: Yakarta. La nueva capital, Nusantara, se está construyendo en la isla de Borneo.
IDIOMAS: bahasa indonesio, javanés, balinés, sundanés, inglés, neerlandés

Timor Oriental (Sudeste asiático)

Esta bandera de 1975 se prohibió apenas nueve días después de su adopción, ya que Indonesia invadió el país. Se recuperó en el año 2002, cuando Timor Oriental logró su independencia. La estrella blanca encarna la esperanza.

SUPERFICIE: 15.007 km²
POBLACIÓN: 1.380.000
CAPITAL: Dili
IDIOMAS: tetum, bahasa indonesio, portugués

Australia (Australasia)

Australia es miembro de la *Commonwealth* (ver p. 57) y luce en el cantón la bandera del Reino Unido (15), país del que fue colonia. La estrella grande de siete puntas representa los estados y territorios de Australia. Las otras forman la constelación de la Cruz del Sur.

SUPERFICIE: 7.741.220 km²
POBLACIÓN: 26.699.000
CAPITAL: Camberra
IDIOMA: inglés

Isla de Norfolk (Australasia)

La isla de Norfolk es un diminuto territorio australiano situado entre Nueva Zelanda y el territorio francés de Nueva Caledonia. Durante los siglos XVIII y XIX, fue colonia penal británica. Su emblema es un pino autóctono que solamente crece en esta isla.

SUPERFICIE: 35 km^2
POBLACIÓN: 2.000
CAPITAL: Kingston
IDIOMAS: inglés, norfuk

Nueva Zelanda (Australasia)

Al igual que la australiana, la bandera neozelandesa muestra su pasado como colonia británica. También luce cuatro estrellas rojas fileteadas de plata, que forman la constelación de la Cruz del Sur, visible desde el hemisferio austral.

SUPERFICIE: 268.680 km^2
POBLACIÓN: 5.270.000
CAPITAL: Wellington
IDIOMAS: inglés, maorí

La Commonwealth

La Mancomunidad de Naciones, o *Commonwealth*, como se conoce en inglés, se creó en 1931 para articular la cooperación del Reino Unido con sus territorios a través de la lealtad común a la Corona. Después de la descolonización, pasó a ser un organismo basado en la cooperación voluntaria e igualitaria entre miembros, integrado por países con lazos históricos con el Reino Unido. De sus 56 miembros, tan solo 15 siguen reconociendo al monarca británico como jefe de Estado.

El pabellón británico, también llamado insignia azul, ha servido de modelo para muchas banderas de la *Commonwealth*, como son las de Australia (56), Nueva Zelanda (57), Fiyi (58) y Tuvalu (60).

57

Papúa Nueva Guinea

(Australasia y Melanesia)

La bandera de Papúa Nueva Guinea es el diseño de una estudiante de 15 años, Susan Karike, que ganó un concurso nacional. El emblema de la izquierda es la constelación de la Cruz del Sur, y el de la derecha, un ave del paraíso.

SUPERFICIE: 462.840 km²
POBLACIÓN: 10.516.000
CAPITAL: Port Moresby
IDIOMAS: tok pisin, hiri motu, inglés

Islas Salomón (Melanesia)

Las islas Salomón son cinco archipiélagos representados mediante las cinco estrellas de su bandera. El triángulo azul simboliza el océano Pacífico; el verde, la tierra fértil de las islas, y la franja amarilla, el sol. La bandera data de 1977.

SUPERFICIE: 28.450 km²
POBLACIÓN: 757.000
CAPITAL: Honiara
IDIOMAS: pidgin, inglés, kwara'ae

Vanuatu (Melanesia)

La "Y" horizontal evoca la forma geográfica de las 83 islas que componen el país, y el remolino amarillo, la prosperidad, representada tradicionalmente con un colmillo de jabalí. Las dos frondas de helecho encarnan la paz.

SUPERFICIE: 12.200 km²
POBLACIÓN: 342.000
CAPITAL: Port Vila
IDIOMAS: bislama, francés, inglés

Fiyi (Melanesia)

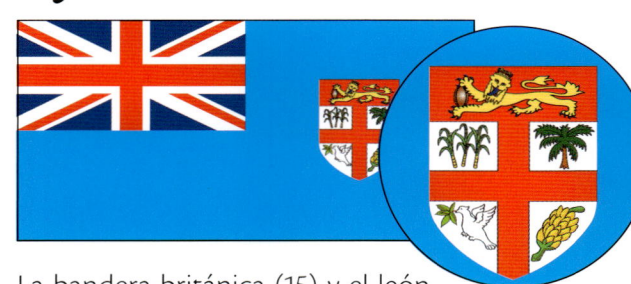

La bandera británica (15) y el león del escudo aluden a la conexión histórica del país con el Reino Unido. El león sostiene una vaina de cacao, y en el escudo aparecen otros cultivos importantes, como la caña de azúcar, el coco y el plátano, además de una paloma de la paz.

SUPERFICIE: 18.270 km²
POBLACIÓN: 943.000
CAPITAL: Suva
IDIOMAS: inglés, fiyiano, hindi, rotumano

Nauru (Micronesia)

Nauru es la nación isleña más pequeña del mundo. La estrella de 12 puntas, que refleja sus 12 tribus indígenas, queda justo debajo de una delgada franja amarilla que alude a la posición del país en el mapa, un grado al sur del ecuador.

SUPERFICIE: 21 km²
POBLACIÓN: 13.000
CAPITAL: Yaren (no hay capital oficial)
IDIOMAS: naruano, inglés

Palaos (Micronesia)

El círculo amarillo es una luna llena, símbolo de la unidad nacional. Según la tradición, la luna llena señala el momento más propicio para llevar a cabo actividades colectivas: la pesca, la cosecha, la siembra o los festejos. El fondo azul representa el océano Pacífico.

SUPERFICIE: 458 km²
POBLACIÓN: 18.000
CAPITAL: Ngerulmud
IDIOMAS: palauano, inglés, filipino

Guam (Micronesia)

Guam, la mayor de las islas Marianas, depende de EE. UU. desde 1898 y es su territorio más occidental. En el emblema figura la bahía de Agaña con un cocotero y una *proas*, embarcación empleada por el pueblo chamorro, que es nativo del lugar.

SUPERFICIE: 540 km²
POBLACIÓN: 173.000
CAPITAL: Hagåtña
IDIOMAS: chamorro, inglés

Micronesia (Micronesia)

Los **Estados Federados de Micronesia** se componen de más de 600 islas que se dividen en cuatro estados: Kosrae, Pohnpei, Yap y Chuuk, representados por las cuatro estrellas de la bandera. La enseña micronesia está inspirada en la de las Naciones Unidas (63).

SUPERFICIE: 702 km²
POBLACIÓN: 116.000
CAPITAL: Palikir
IDIOMAS: inglés, kosraeano, pohnpeiano, chuukés, yapés

Islas Marshall (Micronesia)

Las dos franjas representan las dos cadenas en las que están dispuestos los atolones y las islas del país. La naranja es la del Arco Rali, que significa *poniente*. La blanca es la del Arco Ratak, que significa *levante*. Las 24 puntas que tiene la estrella blanca simbolizan los distritos del país.

SUPERFICIE: 181 km^2
POBLACIÓN: 42.000
CAPITAL: Majuro
IDIOMAS: marshalés, inglés

Kiribati (Micronesia)

La fragata amarilla, ave nacional de Kiribati, que sobrevuela el océano Pacífico durante una puesta de sol, simboliza el dominio de los mares y la libertad. Los rayos del sol representan las islas que forman la nación. Esta bandera de 1979 se basa en el escudo del país cuando aún era colonia británica.

SUPERFICIE: 811 km^2
POBLACIÓN: 136.000
CAPITAL: Tarawa Sur
IDIOMAS: gilbertés, inglés

Tonga (Polinesia)

La cruz es símbolo del cristianismo, religión mayoritaria del país. El blanco encarna la pureza, y el rojo, la sangre derramada por Jesucristo. La bandera original era blanca con esta misma cruz, pero se parecía demasiado a la de la Cruz Roja (ver p. 63). Este diseño data de 1875.

SUPERFICIE: 748 km^2
POBLACIÓN: 108.000
CAPITAL: Nuku'alofa
IDIOMAS: tongano, inglés

Tuvalu (Polinesia)

Las estrellas están dispuestas siguiendo la situación geográfica de las nueve islas de Tuvalu, a las que simbolizan. La bandera británica, situada en el cantón, es reflejo de la conexión del país con el Reino Unido (15), del que fue colonia hasta 1978, y con el resto de los países de la *Commonwealth*.

SUPERFICIE: 26 km^2
POBLACIÓN: 11.000
CAPITAL: Funafuti
IDIOMAS: tuvaluano, inglés

Samoa (Polinesia)

El rojo de esta bandera evoca el valor; el azul, la libertad, y el blanco, la pureza. Samoa era territorio de Nueva Zelanda (57), un lazo histórico que se refleja en la constelación de la Cruz del Sur que aparece en el cantón. Samoa obtuvo su independencia en 1962.

SUPERFICIE: 2.944 km²
POBLACIÓN: 226.000
CAPITAL: Apia
IDIOMAS: samoano, inglés

Samoa Americana (Polinesia)

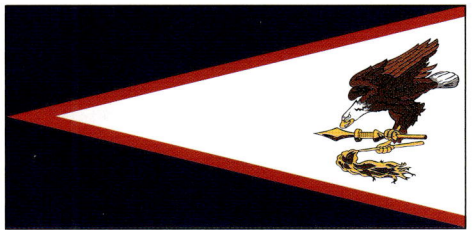

Samoa Americana es el territorio más meridional de EE. UU. En la bandera aparece un pigargo cabeciblanco, que es el emblema de EE. UU., sosteniendo entre las garras dos objetos ceremoniales samoanos. Esto simboliza el poder que comparten el Gobierno y los jefes nativos.

SUPERFICIE: 200 km²
POBLACIÓN: 44.000
CAPITAL: Pago Pago
IDIOMAS: samoano, inglés

Islas Cook (Polinesia)

Las islas Cook son una pequeña nación autónoma libremente asociada a Nueva Zelanda. Su bandera, que toma como modelo la insignia azul (ver p. 57), refleja su pasado como colonia. El círculo de 15 estrellas representa las 15 islas que componen el archipiélago.

SUPERFICIE: 237 km²
POBLACIÓN: 17.000
CAPITAL: Avarúa
IDIOMAS: inglés, rarotongano, pukapukan

Polinesia Francesa (Polinesia)

Este territorio francés recibió el título de país de ultramar, el único de su clase. Ocupa una superficie del Pacífico unas cinco veces mayor que Francia y su isla de mayor extensión es Tahití. En la bandera, que se ondea junto a la francesa, aparece una canoa tradicional sobre las olas del mar.

SUPERFICIE: 4.167 km²
POBLACIÓN: 309.000
CAPITAL: Pape'ete (Tahití)
IDIOMAS: francés, tahitiano

Las banderas gubernamentales

En algunos países hay banderas reservadas al Gobierno. Suelen ser variaciones de la bandera nacional, a la que se añade o se quita algo, como un escudo. Bajo estas líneas encontrarás ejemplos. Varios países escandinavos (pp. 16–17) tienen banderas gubernamentales en forma de corneta (con dos puntas al batiente).

Perú

Alemania

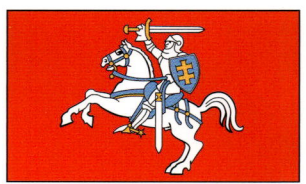
Lituania

Islandia

Las enseñas de guerra

Muchas banderas nacionales tienen sus orígenes en el ámbito militar y se inspiran en los estandartes que enarbolaban los ejércitos medievales. En algunos países sigue habiendo **banderas de guerra**, que emplean los ejércitos de tierra. La bandera de los buques de guerra se llama **pabellón de la marina de guerra**. Se coloca en la popa para identificar su nacionalidad. A menudo se trata de la misma bandera nacional o de una variación de la misma. Abajo aparecen ejemplos de otras menos comunes. El **pabellón de la marina mercante** (rojo) se usa en los buques mercantes.

China (guerra)

Bélgica (guerra)

Azerbaiyán (guerra)

Reino Unido (guerra)

Japón (guerra)

Rusia (guerra)

Tailandia (guerra)

Estonia (guerra)

Pakistán (mercante)

Malta (mercante)

Albania (mercante)

Singapur (mercante)

Otras banderas

Muchas organizaciones internacionales, religiones, pueblos y territorios tienen sus propias banderas. ¿Cuántas de estas ya has visto antes?

La **Unión Europea** es una organización constituida por países de Europa que colaboran para defender la libertad, la paz y el comercio. Las 12 estrellas representan la unidad, solidaridad y armonía entre los pueblos europeos.

Los **Juegos Olímpicos**, el mayor evento deportivo del mundo, se celebra cada cuatro años. Los anillos de la bandera son símbolo de la unión de los cinco continentes habitados, de los que proceden los atletas que compiten.

La **Organización de las Naciones Unidas** promueve la paz, la justicia, el progreso y los derechos humanos. La mayoría de los países del mundo son miembros. En la bandera aparece un mapamundi visto desde el polo norte. Las ramas de olivo simbolizan la paz.

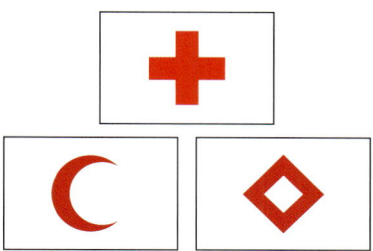

El **Comité Internacional de la Cruz Roja** y el **Movimiento de la Media Luna Roja**, organizaciones neutrales de ayuda a los necesitados, emplean la cruz, la media luna y el cristal rojos, que son símbolos internacionales de protección en zonas en guerra.

La bandera **budista** se adoptó en 1885 como símbolo internacional de esta fe. El azul refleja la compasión; el amarillo, el camino medio entre los extremos; el rojo, la bendición; el blanco, la pureza, y el naranja, la sabiduría.

La **Nishan Sahib** es la bandera del sijismo, que suele ondearse en los templos de esta religión. Sobre el fondo naranja, figura el símbolo *Khanda* que representa la verdad, la unidad, la eternidad y la necesidad de defender la fe en el sijismo.

La bandera **aborigen australiana** es símbolo oficial de Australia (56). El color negro representa a los pueblos aborígenes; el círculo, el sol, y el rojo, la tierra y el pigmento que se emplea en las ceremonias tradicionales.

La isla de **Bougainville** es una región autónoma de Papúa Nueva Guinea (58) que podría independizarse en los próximos años. Los movimientos independentistas a menudo emplean banderas regionales.

La bandera **Scout** se ondea en los encuentros escultistas de todo el mundo. La flor de lis, que en mapas antiguos señalaba el norte, simboliza que los escultistas deben seguir el camino correcto.

Índice

Artículos

Créditos

Las ilustraciones de las banderas han sido reproducidas
por cortesía de The Flag Institute, Reino Unido.

Otras ilustraciones de banderas: Keith Furnival

Con nuestro agradecimiento a Jos Poels y Ruth Brocklehurst

Las banderas de la página 63 se reproducen
con la autorización de La Unión Europea, el Comité
Internacional de la Cruz Roja, el Comité Olímpico
Internacional, la Organización de las Naciones Unidas
y la Organización del Movimiento Scout Internacional.